natürlich oekom!

Mit diesem Buch halten Sie ein echtes Stück Nachhaltigkeit in den Händen. Durch Ihren Kauf unterstützen Sie eine Produktion mit hohen ökologischen Ansprüchen:

- mineralölfreie Druckfarben
- Verzicht auf Plastikfolie
- Kompensation aller CO_2-Emissionen
- kurze Transportwege – in Deutschland gedruckt

Weitere Informationen unter www.natürlich-oekom.de und #natürlichoekom

Bildnachweis

Adobe Stock: S. 4 (Halfpoint), 13 l. (nsit0108), 19 l. (Liz), 19 r. (Nataliia), 28 l. (Jolanta Mayerberg), 28 r. (Ildi), 31 r. (shchus), 38 u. (nungning20), 42 (Halfpoint), 51 l. (Maria Sbytova), 54 (Aintschie), 62 o. (pikselstock), 62 u.l. (perfectlab), 70 l. (SusaZoom), 70 r. (nblxer), 71 (Irina Schmidt), 73 (fotoliaan-jak), 80 l. (christiane65), 81 (DLeonis), 82 (Amy Mitchell), 89 r. (FedotovAnatoly), 91 r. (beats_), 95 (Halfpoint), 96 (vzwer), 97 (jrperson), 100 (Juefrateam), 103 o. (oksanka8306), 104 (photo 5000), 106 (Friedberg), 110 (diy13), 116 l. (Marina Lohrbach), 116 r. (Gresei), 119 (Chantale Beaudoin), 124 r.u. (Andreas), 129 (Osterland), 131 (Rawpixel.com), 132 (Irina Schmidt), 136 (summersum), 138 (Karin Jähne), 140 (Марина Гаращенко), 144 (allme), 148 (Anna), 151 (mimagephotos)

Annette Holländer: S. 29 l., 29 r., 31 l., 35 l., 39, 40 , 49 l., 49 r., 62 u.r., 86, 123, 130

Anni Reeh: S. 8, 13 r., 15 o., 15 u., 26, 30, 35 r., 37, 38 o., 48, 51 r., 56, 60, 68, 69, 74, 80 r., 85, 89 l., 91 l., 93, 103 u., 111, 114, 124 l., 127, 128 l., 128 r., 150, 154

Pixabay: S. 124 r.o. (Michael Strobel)

Bibliografische Information der Deutschen Nationalbibliothek:
Die Deutsche Nationalbibliothek verzeichnet diese Publikation in der Deutschen Nationalbibliografie; detaillierte bibliografische Daten sind im Internet über www.dnb.de abrufbar.

oekom – Gesellschaft für ökologische Kommunikation mbH,
Goethestraße 28, 80336 München

Lektorat: Katharina Spangler
Innenlayout, Satz & Illustrationen: BUCH & DESIGN Vanessa Weuffel
Korrektorat: Elena Bruns
Druck: Friedrich Pustet GmbH & Co. KG, Regensburg

ISBN 978-3-98726-063-6
https://doi.org/10.14512/9783987262944

Annette Holländer

SCHAU MAL, WAS DA WÄCHST

Jeder Garten ist ein Lebensraum

MENSCHEN, TIERE UND PFLANZEN FÜHLEN SICH IM GARTEN WOHL

Die Natur ist Lebensraum für ganz viele Tiere und Pflanzen und auch für uns Menschen. Wir nutzen die Natur für uns. Zum Beispiel Bauern und Bäuerinnen, die auf Feldern und Äckern Pflanzen anbauen. Solche, die wir selbst essen, aber auch Pflanzen, die zu Tierfutter werden oder aus denen wir Energie gewinnen. In der Natur bauen wir auch Straßen und Gebäude und holen Lehm oder Kohle aus der Erde. Die Lebensräume für Pflanzen und Tiere werden dadurch immer kleiner.

In einem Garten kannst du mithelfen, diese Lebensräume besser zu machen. Je mehr verschiedene Pflanzen es in einem Garten gibt, desto mehr Tiere finden dort einen Platz zum Leben. In Bäumen und Sträuchern können sie sich verstecken und ihre Kinder aufziehen. Sie essen Beeren oder Nektar aus den Blumen. Beides sind wichtige Nahrungsquellen für sie.

Im Garten kannst aber auch du Natur erleben. Du kannst zum Beispiel Insekten und Vögel beobachten und dabei viel über sie lernen. In den verschiedenen Jahreszeiten kannst du sehen, wie kleine Pflanzen wachsen und größer werden, blühen und Früchte und Samen bekommen.

Am besten pflegst du deinen Garten auf biologische Weise. Das bedeutet, dass du nichts Künstliches in deinen Garten bringst. Dünger, also Mittel, mit denen Pflanzen besser wachsen, sollten ganz natürlich sein. Und bitte benutze keine Pestizide. Das ist Gift, das Insekten und andere Lebewesen töten kann. In deinem biologischen Garten kannst du frisches und gesundes Gemüse ernten, das ganz besonders gut schmeckt

So wird dein Garten zu einer Oase, wo sich Menschen, Tiere und Pflanzen wohlfühlen und gerne leben.

KAPITEL 1

Natur verstehen

Pflanzen, Tiere und Menschen
sind Teil von Kreisläufen in der Natur.
In diesem Kapitel entdeckst du, wie das
Leben auf der Erde zusammenhängt.

WERTVOLLER BODEN

Unser Erdboden ist etwas ganz Besonderes. Ohne unseren Boden können wir Menschen auf der Erde nämlich gar nicht leben. Im Boden wachsen die Pflanzen, die wir für unser Essen benötigen. Und auch Tiere ernähren sich von Pflanzen.
Riesige Wälder wachsen auf unserem Boden, von denen wir den Sauerstoff zum Atmen bekommen. Boden speichert Regenwasser und reinigt Wasser, sodass wir es trinken können. Er speichert aber auch Kohlenstoff, ein anderes wichtiges Teilchen auf unserer Erde. Der Rest, den der Boden oder die Pflanzen nicht speichern können, geht als Gas in unsere Luft und macht unsere Erde immer wärmer.

Wir leben auf dem Boden und bauen Häuser und Straßen darauf. Du spielst auf dem Boden, egal ob im Garten, auf dem Spiel- oder dem Fußballplatz.

Unser natürlicher Boden ist über Tausende von Jahren entstanden. Er besteht aus verschiedenen Schichten. Zum Beispiel aus Stein, Sand, Lehm und fruchtbarer Erde. Je nachdem, wo du lebst, beispielsweise in den Bergen oder am Meer, sind diese Bodenschichten unterschiedlich. Die oberste Schicht des Bodens ist die fruchtbare Erde. Sie heißt auch Humusschicht. In dieser Humusschicht sind die Nährstoffe, also die Stoffe, die Pflanzen zum Wachsen benötigen. Es gibt Böden mit wenigen Nährstoffen und Böden mit vielen Nährstoffen. Ein Boden, der viele wichtige Nährstoffe für die Pflanzen enthält, ist ein fruchtbarer Boden.

Kreislauf der Nährstoffe in der Natur

Die Nährstoffe der Humusschicht kann die Natur immer wieder neu herstellen. Das wird auch »Nährstoffkreislauf der Natur« genannt. Du kannst dir das so vorstellen:

Jedes Jahr im Frühling und Sommer wachsen die Blätter und Früchte an den Bäumen. Auf der Wiese wächst das Gras und Blumen blühen. Die Nährstoffe für Blätter, Blüten und Früchte bekommen die Pflanzen aus dem Boden und durch die Sonne.

Im Herbst, wenn es kälter wird, fallen die bunt gewordenen Blätter von den Bäumen, die Blumen verblühen, Grashalme werden braun und sterben ab. Nach dem Winter beginnen die Bäume und andere Pflanzen wieder auszutreiben, es wachsen neue Blätter und neue Blüten und Früchte. Das Laub und die Reste von Gräsern und Blumen sind spätestens im Sommer verschwunden. Was ist damit passiert?

Regenwürmer, Schnecken, Asseln, Käfer, Ameisen und unzählige andere winzige Tierchen, Pilze und Bakterien leben im Boden. Die meisten sind so klein, dass wir sie mit unseren Augen gar nicht sehen können. Diese Bodenbewohner sind so etwas wie die »Müllabfuhr der Natur«. Zusammen mit anderen Helfern wie beispielsweise Fliegen fressen sie alles, was in der Natur stirbt. Nicht nur Pflanzen, sondern auch tote Tiere oder den Kot von Tieren.

All diese »Abfälle der Natur« verdauen die Bodenlebewesen und verwandeln sie so in neue und fruchtbare Erde. Diese neue Erde – wir sagen dazu auch Humus – hat dann wieder genug Nährstoffe für die Pflanzen.

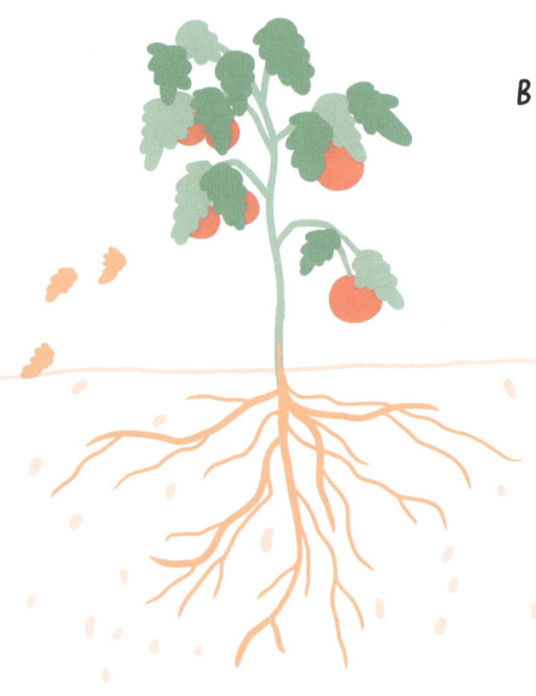

Boden und Bodenlebewesen

Die Bodenlebewesen sorgen dafür, dass Boden fruchtbar bleibt. Nur von einem fruchtbaren Boden können wir Menschen so viel ernten, dass wir genug zu essen haben. Menschen können selbst keine fruchtbare Erde herstellen. Du kannst aber den Bodentierchen helfen: Verwende nur natürlichen Dünger und bedecke deine Beete mit Mulch (→ »Mulch für deine Beete«, Seite 67). So fütterst du die Bodenlebewesen. Und sie machen aus ihrem Futter wieder fruchtbare Erde.

WUSSTEST DU SCHON?

… dass in einer Handvoll fruchtbarem Boden mehr Lebewesen leben als Menschen auf der Erde? Zu diesen Lebewesen gehören Regenwürmer, Spinnen und Insekten, Pilze und Algen, Bakterien und sogenannte »Urtierchen«.

Fruchtbarer Boden und Kompost

Du kannst von der Natur lernen, wie fruchtbare Erde entsteht, und es ihr abschauen und nachmachen. Dafür baust du in deinem Garten am besten einen Komposthaufen. In Geschäften für Gartengeräte gibt es Holz-Komposter. Das sind Kisten aus Holzlatten. Darin kannst du natürliche Abfälle aus Küche und Garten sammeln. Am besten an einem Platz im Garten, der ein bisschen Schatten und auch Sonne abbekommt. Lege die Abfälle dabei in Schichten in den Komposter: abwechselnd feine und grobe Sachen.

Die Bodentierchen ziehen in den Kompost ganz von allein ein. Weil sie schnell merken, dass es im Komposthaufen für sie ganz viel zu Fressen gibt. Du kannst viele der größeren Bodentierchen im Kompost gut beobachten. Vor allem die Kompostwürmer fühlen sich dort so wohl, dass du bald ganze Nester junger Würmer im Kompost finden kannst.

Auf den Kompost dürfen nur natürliche Abfälle

- Gemüse- und Obstabfälle wie Kartoffelschalen, Radieschengrün, Salatreste, Kerngehäuse von Äpfeln und Birnen, Zwiebelschalen, ...
- Bananenschalen und Schalen von Zitrusfrüchten wie Orangen und Zitronen nur von Obst aus biologischem Anbau. Das bedeutet, dass es nicht mit giftigen Spritzmitteln behandelt wurde.
- Eierschalen, Kaffee- und Teesatz
- Rasenschnitt, also die Reste, die nach dem Rasenmähen übrig bleiben
- Laub und zerkleinerter Heckenschnitt, also Blätter und Äste, die nach dem Schneiden der Hecke im Garten liegen (nicht von Nadelbäumen und Thujen)
- Mist von Tieren wie Kaninchen, Meerschweinchen, Pferden, Rindern und anderen pflanzenfressenden Tieren

Nach ungefähr einem Jahr musst du mit einem Erwachsenen den Kompost einmal wenden. Man nennt dies *Umsetzen* des Komposts. Du benötigst dafür eine zweite Kompost-Kiste. Dann füllst du die Abfälle aus dem ersten Komposter in den neuen Komposter um. Die frischeren Abfälle liegen dann unten und die älteren Abfälle oben. Du kannst sehen, dass ein Teil davon schon zu Erde geworden ist.

Am besten deckst du den umgesetzten Kompost nun mit einer Schicht aus Laub oder Rasenschnitt ab. Neue Abfälle aus Küche und Garten sammelst du in der frei gewordenen Kompost-Kiste. Dann dauert es nochmal ungefähr ein Jahr, bis sich alle Abfälle aus dem umgesetzten Kompost in Erde verwandelt haben. Die Würmer verlassen dann nach und nach den Kompost, da sie nichts Frisches mehr zu fressen finden. Wenn ihr zu Hause zwei Komposter habt, die ihr immer abwechselnd auffüllt, könnt ihr jedes Jahr neue Komposterde »ernten«.

TIERE IM GARTEN:
DER ROSENKÄFER

Wenn der Kompost umgesetzt wird, kannst du darin manchmal große weiße Raupen finden. Das sind die Larven des Rosenkäfers. Der Rosenkäfer legt seine Eier in den Kompost. Die Larven, die aus den Eiern schlüpfen, finden im Kompost ganz viele Pflanzenreste zum fressen. Wenn sie genug gefressen haben, verpuppen sie sich und in der Puppe wächst der Käfer. Meist im Juni und Juli schlüpfen die Käfer und kommen aus der Erde. Der Rosenkäfer ist ungefähr 2 Zentimeter groß und schillert grün. Du findest ihn zum Beispiel in Blüten von duftenden Rosen und von großem Mohn.

Du kannst mit der Komposterde zusätzliche Nährstoffe in deine Gartenbeete bringen. Oder du kannst Töpfe mit dem Kompost füllen und Pflanzen wie Tomaten, die viele Nährstoffe benötigen, darin einpflanzen.

Du kannst auch eine Wurmkiste anlegen und darin ganz besonders fruchtbaren Wurmkompost herstellen. Die Wurmkiste benötigt wenig Platz und du kannst sie auf den Balkon oder ins Haus stellen. In der Wurmkiste kannst du besonders gut beobachten, wie die Würmer aus deinen Bioabfällen Wurmhumus erzeugen.
Fertige Wurmkisten, und sogar Wurmkisten die du gleichzeitig als Hocker benutzen kannst, gibt es zu kaufen. Günstiger ist es, wenn du dir einen Bausatz besorgst oder die Wurmkiste gemeinsam mit einem Erwachsenen selbst baust. Am besten beginnst du mit einer kleinen und einfachen Wurmkiste, um Erfahrungen zu sammeln. Wenn du gut damit zurechtkommst und deine Familie sehr viele Bioabfälle aus der Küche hat, könnt ich eure »Wurmfarm« auch vergrößern.

Was du für deine Wurmkiste brauchst:

- Du benötigst für eine einfache Wurmkiste eine verschließbare Holzkiste aus unbehandeltem Holz. Unbehandelt bedeutet, dass das Holz nicht lackiert oder mit chemischen Mitteln und Farben gestrichen wurde.
- Für eine kleine Wurmkiste reicht eine Größe von etwa 40 cm Länge, 30 cm Breite und 40 cm Höhe.
- Die Kiste muss einen aufklappbaren Deckel haben.
- In den oberen Bereich der Kiste bohrt ihr einige Luftlöcher.
- Teilt das Innere der Kiste mit einem Gitter (z. B. Hasengitter) in zwei gleich große Bereiche.

- In eine Hälfte der Wurmkiste füllst du etwas Erde und in Wasser eingeweichte und ausgedrückte Streifen Wellpappe oder unbedruckten Karton. Darin können sich die Würmer anfangs verstecken.
- Nun benötigst du eine kleine Handvoll Kompostwürmer für den Start deiner Kiste. Die kann man im Internet bestellen. Du kannst aber auch Nachbarinnen oder Freunde fragen, die einen Komposthaufen haben. Sie werden dir sicherlich erlauben, dass du einige Würmer aus ihrem Kompost für deine Wurmkiste suchst.
- Sobald du die Kompostwürmer hast, kannst du sie in die vorbereitete Hälfte der Kiste setzen und beginnen, sie zu füttern. Am besten mit Obst- und Gemüseresten aus der Küche. Aber bitte nicht mit Schalen von Zitrusfrüchten und Zwiebeln, das mögen die Würmer nicht so gerne . Wichtig ist, dass du das Futter immer schön kleinschneidest.
- Am Anfang brauchen die Würmer nur wenige Löffel voll Bioabfall. Wenn sich die Würmer vermehren, also immer mehr Babys bekommen, dann benötigen sie nach und nach mehr Futter.
- Wenn sie das Futter mehrere Tage nicht fressen, musst du die Reste aus der Kiste nehmen, damit nichts schimmelt.
- Wichtig ist außerdem, dass die Kiste nicht austrocknet. Dazu kannst du den Teil der Wurmkiste mit den Würmern regelmäßig mit etwas Wasser aus dem Blumensprüher besprühen.
- Ist es in der Kiste zu nass, gibst du am besten trockene Kartonstückchen dazu, die die Feuchtigkeit aufsaugen können.
- Die Wurmkiste sollte im Halbschatten stehen, auf keinen Fall direkt in der Sonne. Den Würmern wird es sonst zu heiß! Im Winter darf die Kiste im Inneren nicht durchfrieren. Wenn es sehr kalt ist, kannst du sie nach drinnen stellen.

So funktioniert die Wurmkiste:

- Nach und nach fressen die Würmer die Bioabfälle, mit denen du sie fütterst. Die Abfälle werden von den Würmern verdaut und es entsteht die fruchtbare Wurmerde. Diese Erde wird Wurmkompost oder Wurmhumus genannt.
- Wenn die Kistenseite, mit der du begonnen hast, etwa zur Hälfte mit dem Wurmkompost gefüllt ist, kannst du auch die zweite Seite der Kiste mit etwas Erde und feuchten Kartonstreifen vorbereiten.
- Das Futter für die Würmer legst du nun nur noch auf diese Seite der Kiste
- Sobald die Würmer alle Abfälle im ersten Bereich der Kiste aufgefressen haben, wechseln sie durch das Gitter in den zweiten Bereich. Schließlich finden sie nun dort ihr Essen.
- Sobald die Würmer den ersten Kistenbereich verlassen haben, kannst du die Wurmerde aus der Kiste nehmen und für deine Pflanzen verwenden.
- Wenn sich im zweiten Bereich der Kiste wieder ausreichend Wurmerde angesammelt hat, kannst du die Kistenseite wieder wechseln. Auf diese Weise hast du immer einen Teil der Kiste mit Würmern und ihrem Futter und einen Teil mit Wurmerde, die du verwenden kannst.

Wo du Wurmkisten und Kompostwürmer kaufen kannst, zeige ich dir am Ende des Buches (→ »Anhang«, Seite 160)

TIERE IM GARTEN: REGENWURM IST NICHT GLEICH REGENWURM

In der Erde leben unterschiedliche Arten von Würmern. Meist sprechen wir einfach vom Regenwurm. Dabei gibt es allein in Deutschland mehr als 40 Arten von Regenwürmern. Einer davon ist unser Kompostwurm. Er lebt eher an der Erdoberfläche in der sogenannten Rotteschicht, in der er laufend abgestorbene Pflanzenteile als Nahrung findet. Oder er zieht eben in unsere Komposthaufen ein. Der Kompostwurm wird etwa 5 bis 15 Zentimeter lang und ist leicht rötlich. Wenn du einen größeren und blasseren Regenwurm findest, ist dies meist der Tauwurm. Der Tauwurm gräbt bis zu 3 Meter tiefe Gänge in die Erde. An die Erdoberfläche kommt er meist in der Nacht auf Futtersuche oder wenn es regnet. Auch dieser Regenwurm ist sehr nützlich, da er die Erde lockert.

KLIMA UND WASSER

Auf unserer Erde herrscht ein Klima, in dem sich sehr viele Lebewesen – Menschen, Tiere und Pflanzen – entwickeln konnten und Lebensraum finden. Das heißt, sie finden hier Sauerstoff zum Atmen, es ist nicht zu heiß und nicht zu kalt, und es gibt Wasser. Wasser und Klima sind eng miteinander verbunden. Sie beeinflussen sich gegenseitig. Wenn sich das Klima verändert, kann es weniger oder mehr regnen. Und es kann sich verändern, wann im Jahr und wie oft es regnet. Dadurch kann es Trockenheit und Überschwemmungen geben. Oder es schneit nicht mehr so viel, weil es wärmer wird.

Unser Wetter, unser Klima

Dabei solltest du die Begriffe »Klima« und »Wetter« nicht verwechseln. Wenn wir von »Wetter« sprechen, reden wir davon, wie es gerade ist: sonnig, regnerisch, warm oder kalt. Es kann bei dir zu Hause regnen und einige Kilometer weiter scheint die Sonne. Oder es kann an einem Tag sehr windig sein und am nächsten Tag spürst du kaum eine Luftbewegung.

Das Klima dagegen beobachten Wissenschaftler und Wissenschaftlerinnen über viele Jahre und sie untersuchen dabei viele unterschiedliche Dinge. Sie vergleichen zum Beispiel, wie die Temperatur in einer bestimmten Gegend über viele Jahre ist. Sie beobachten das Eis an Nord- und Südpol und an den Gletschern im Gebirge und messen die Wassertemperatur der Meere. Diese und viele andere Untersuchungen zeigen uns, ob sich das Klima ändert. Das passiert immer wieder, seit es die Erde gibt, und es dauert oft Tausende von Jahren.

Heute sprechen wir von einem »menschengemachtem Klimawandel«, weil die Veränderungen im Vergleich zu früher superschnell gehen. Klimaforscher, also die Wissenschaftlerinnen und Wissenschaftler, die unser Klima untersuchen, haben festgestellt, dass wir Menschen die Hauptursache dafür sind, dass die Temperaturen auf der Erde steigen. Für unsere Maschinen, Fabriken, Autos, Flugzeuge, Computer und Handys benötigen wir viel Energie. Dafür verbrennen wir sehr viel Kohle, Erdöl und Gas und dadurch entsteht das Klimagas Kohlendioxid (CO_2). Außerdem holzen wir die Urwälder ab. Die Bäume verwandeln Kohlendioxid in Sauerstoff. Das hast du schon gelernt. Wenn sie fehlen, bleibt das Gas in der Luft und dadurch wird es auf der Erde immer wärmer. Nicht an einem bestimmten Tag – das ist das Wetter – sondern für lange Zeit. Das heißt dann *Klimawandel*.

EXPERTENWISSEN: KLIMAZONEN UNSERER ERDE

Das Klima auf der Erde ist nicht überall gleich. Wenn du in Deutschland wohnst, lebst du in Mitteleuropa und auf der Nordhalbkugel der Erde. Das nennen wir auch die gemäßigte Zone der Erde. Im Norden grenzen an die gemäßigte Zone die Subpolarzone und dann die Polarzone bis zum Nordpol. Dort ist es viel kälter als bei uns. Im Süden grenzt die gemäßigte Zone an die Subtropen und Tropen. Hier ist es viel wärmer als bei uns. Die Tropen liegen am Äquator, wo es keinen Winter gibt und die Sonne jeden Tag gleich lang scheint.

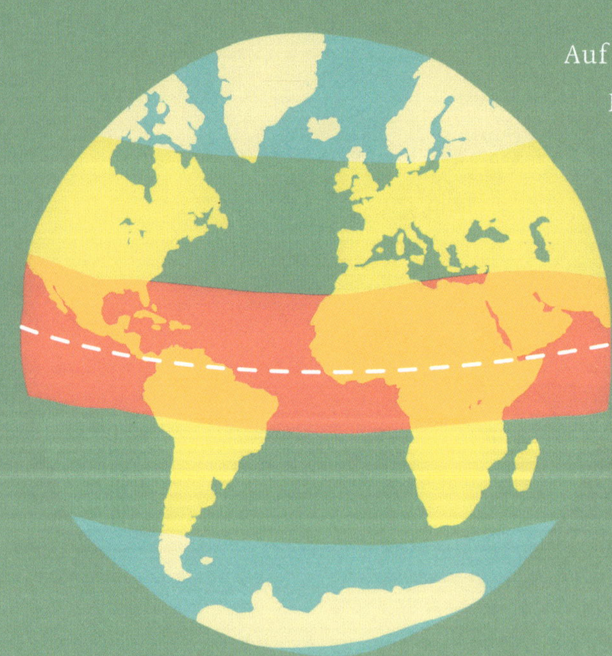

Auf der Südhalbkugel der Erde gibt es dieselben Zonen, also südlich der Tropen die Subtropen, dann die gemäßigte Zone, die Subpolarzone und die Polarzone am Südpol.

Kreislauf des Wassers

Ohne Wasser gibt es kein Leben auf der Erde. Auch Wasser gehört zu den wichtigsten Lebensgrundlagen. Nicht nur für uns Menschen, sondern auch für all die vielen Pflanzen und Tiere auf dieser Erde.

Wasser ist in ständiger Bewegung. Du kannst das beobachten, wenn du mit der Gießkanne deinen Pflanzen Wasser gibst:

- Die Erde nimmt das Wasser auf und die Pflanzen versorgen sich über die Wurzeln mit Wasser.
- Die Pflanzen schwitzen das Wasser aus. Es verdunstet.
- Gleichzeitig verdunstet ein Teil des Wassers aus der Erde.
- Falls du beispielsweise auf Balkon oder Terrasse etwas Wasser daneben gegossen hast, verdunstet das auch.
- Dein verdunstetes Wasser bildet Wolken, zusammen mit verdunstetem Wasser aus Landschaften, Flüssen, Seen und Meeren.
- Die Wolken regnen das Wasser wieder herab.
- Regenwasser wird in der Erde, in Seen und Flüssen und im Grundwasser gespeichert.
- Wir verwenden dieses Wasser als Trinkwasser, zum Duschen, Baden, Putzen und Kochen und zum Gießen unserer Pflanzen.
- Über verschiedene Wege kann das Wasser wieder verdunsten und der Kreislauf beginnt wieder von vorne.

Regenwasser für den Garten sammeln

Wasser ist kostbar und wir sollten es nicht verschwenden. Unser Wasser aus der Leitung wird im Wasserwerk wieder aufbereitet. Dort werden Schmutz und Giftstoffe aus dem Wasser herausgeholt. Aus dem Wasserhahn fließt sauberes und gesundes Wasser, das du trinken oder mit dem du kochen kannst. Du verwendest dieses Wasser auch zum Zähneputzen, zum Duschen oder auf der Toilette. Und auch im Garten nutzen wir oft Leitungswasser für unsere Pflanzen.

Pflanzen lieben Regenwasser. Regenwasser ist für Pflanzen die natürliche Versorgung mit Wasser. Nicht immer regnet es genug, dass deine Pflanzen mit ausreichend Wasser versorgt sind. Besonders für frisch eingepflanzte kleine Pflänzchen oder wenn du Samen ausgesät hast, ist es wichtig, dass du sie regelmäßig gießt. Wenn es zu trocken ist, wachsen die Pflanzen nicht gut oder die Samen keimen nicht. Keimen bedeutet, dass aus dem Samen die kleinen Pflänzchen wachsen (→ Mehr zum »Keimen« erfährst du auf Seite 45 unter »Die Keimung des Samens«.)

Für das Gießen deiner Pflanzen musst du aber kein Leitungswasser verwenden. Du kannst Regenwasser sammeln, wenn es regnet. Dann hast du Wasser zum Gießen zur Verfügung, das nicht mal etwas kostet.

Zum Sammeln von Regenwasser gibt es im Gartencenter und Baumarkt Regentonnen. Am Regenabflussrohr am Haus muss eine Ableitung eingebaut werden, damit das Wasser in die Regentonne fließen kann. Dazu solltest du dich mit deinen Eltern besprechen, eventuell braucht ihr auch die Erlaubnis eures Vermieters. Je nachdem, wie groß die Tonne ist, kannst du bei starkem Regen 200 bis über 500 Liter Regenwasser sammeln. Außerdem ist es sogar möglich mehrere Regentonnen über Verbindungsstücke zusammenzuschließen. Du kannst Wasser aber auch in anderen großen Gefäßen sammeln, zum Beispiel in einer alten Badewanne oder alten Fässern. Ganz wichtig ist immer: Das Gefäß muss mit einem Deckel verschlossen sein, damit niemand hineinfallen und ertrinken kann.

Kleinklima im Garten, auf Balkon und Terrasse

Im Garten, auf Balkon und Terrasse gibt es ein eigenes kleines Klima. So ist es auf einem Balkon auf der Südseite im Sommer oft besonders heiß. An schattigen Plätzen unter Bäumen oder auf der Nordseite von Häusern kann es mehrere Grad kühler sein.

Unsere Gemüsepflanzen haben oft ganz unterschiedliche Bedürfnisse. Wärmeliebende Pflanzen benötigen viel Sonne und mögen hohe Temperaturen, während andere Pflanzen bei zu großer Hitze nicht mehr so gut wachsen. Pflanzen, die keinen Frost vertragen, kann man an besonders warme Plätze stellen. Im Herbst kannst du so von solchen Pflanzen länger ernten.

So kannst du dein Kleinklima unterstützen:

- **Sonnenfalle:** Eine Sonnenfalle ist ein nach Süden ausgerichtetes Beet, das im Norden, Nordwesten und Nordosten durch hochwachsende Pflanzen, zum Beispiel Mais oder Stangenbohnen, gegen kalten Wind geschützt ist. In das Beet kannst du sonnenhungrige Pflanzen wie Paprika oder Melonen pflanzen. Außerdem kannst du einige größere Steine im Beet verteilen. Die von Süden hineinscheinende Sonne bringt viel Wärme in dein Beet und die Steine speichern die Wärme. In der Nacht geben die Steine diese Wärme wieder ab und wärmen die Pflanzen.

❋ **Frühbeet und Gewächshaus:** Ein Frühbeet oder Gewächshaus ist ein durch Glas oder Folie geschlossener Raum. Die Sonne strahlt in diesen Raum und Wärme wird darin gespeichert. Durch die Wärme im Gewächshaus kannst du hier früher säen und pflanzen als im Freien. Manche Pflanzen können sogar über den Winter im Gewächshaus bleiben.

❋ **Abdeckung aus Gartenfolie oder -vlies, oder auch aus Stroh:** Damit kannst du vorübergehend deine Pflanzen vor Kälte schützen. Unter der Abdeckung bleibt die Wärme des Erdbodens besser gespeichert. Das ist zum Beispiel nützlich, wenn es im Herbst erste kalte Nächte gibt und es dann nochmal längere Zeit wärmer bleibt.

EXPERIMENT: KLEINKLIMA

Bestimmt hast du das bereits bemerkt: Wenn du im Garten bist, auf der Terrasse oder auf dem Balkon, unter Bäumen oder auf einer asphaltierten Straße können am selben Tag die Temperaturen an diesen verschiedenen Orten unterschiedlich sein. **Versuche doch an einem schönen und warmen Sommertag folgendes Experiment:**

- Du benötigst Eiswürfel.
- Suche dir verschiedene Orte im Schatten und in der Sonne mit unterschiedlichen Böden. Das können sein: der Tomatentopf an der Südseite der Terrasse, das Gartenbeet im Halbschatten, ein Beet im Gewächshaus, der Eingangsbereich zu eurem Haus oder zur Garage mit Pflastersteinen, eine Steinmauer oder verschiedene andere Orte, die du zur Verfügung hast.
- Verteile jeweils einen Eiswürfel an den ausgewählten Orten.
- Nach etwa 10 bis 15 Minuten kannst du nach deinen Eiswürfeln sehen.

Was hast du gefunden? Je nachdem wie das Kleinklima deines Ortes ist, kann der Eiswürfel bereits komplett geschmolzen sein oder noch ein großes Stück Eis vorhanden sein. Woran liegt das? Betrachte den Ort genau: Wie viel Sonne und Schatten gibt es? Wie ist der Bodenbelag? Was bemerkst du sonst noch? So lernst du das Kleinklima dieses Ortes besser kennen.

VOM SAMEN ZUM SAMEN

Viele Pflanzen vermehren sich über Samen. Die Pflanzen wachsen, blühen, und bilden Samen. Aus diesen Samen können wieder neue Pflanzen wachsen. In der Natur geschieht dies ganz von allein und Bäume, Blumen, Gräser und Kräuter vermehren sich auf diese Weise selbst. So stirbt keine der Pflanzen aus, sondern es gibt immer neue Pflänzchen.

Du kennst bestimmt Kastanien und Eicheln, das sind die Samen des Kastanienbaumes und der Eiche. Andere Samen wachsen in Früchten heran. Auch hier kennst du wahrscheinlich Beispiele aus der Natur, wie die Hagebutte oder die Samenkerne in Beeren und Obst. Bei Blumen bilden sich die Samen, wenn die Blüte verblüht. Bei manchen Blumen entsteht dabei eine wunderschöne Samenkapsel, wie zum Beispiel bei der Mohnblume.

Auch an Gras wachsen hohe Stängel, an denen sich die Samen bilden. Nur in einer Wiese, die nicht gemäht wird, können Gräser und Blumen blühen und Samen bilden.

Von der Blüte zum Samen - so funktioniert die Befruchtung

Damit aus einer Blüte Früchte und Samen entstehen können, muss eine Befruchtung stattfinden. Manche Pflanzen können dies von ganz allein, sie werden deshalb Selbstbefruchter genannt. Die meisten Pflanzen benötigen jedoch Hilfe bei der Befruchtung.

Von Insekten oder vom Wind. Solche Pflanzen nennt man Fremdbefruchter. Bei den Insekten sind vor allem Bienen, Hummeln, Wildbienen, Fliegen und Käfer fleißige Bestäuber. Sie tragen den Blütenstaub von einer Blüte zur nächsten Blüte. Dadurch werden die Blüten befruchtet. Nur wenn die Blüte befruchtet wird, können Früchte und Samen wachsen.

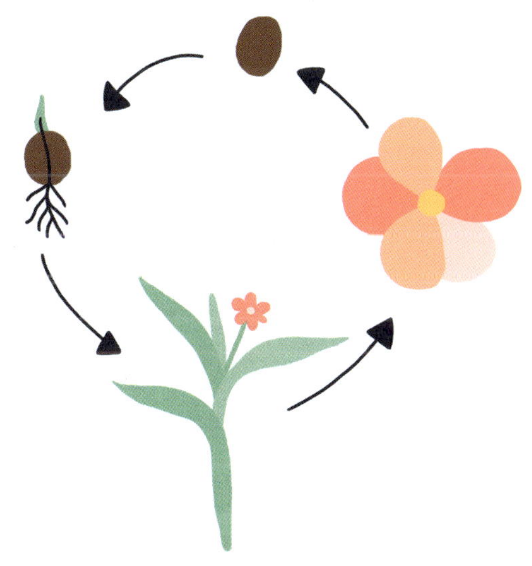

EXPERTENWISSEN: VERMEHRUNG ÜBER PFLANZENTEILE

Viele Pflanzen vermehren sich also über Samen. Und aus jedem Samenkorn kann eine neue Pflanze wachsen. Es gibt aber auch Pflanzen, die sich über Pflanzenteile vermehren. Dazu zählt zum Beispiel die Kartoffel. Bei Kartoffeln nimmst du nicht die Samen aus den Früchten, sondern behältst einige Kartoffeln, die du im nächsten Frühling wieder in die Erde legst. Aus dieser alten Kartoffel wächst eine neue Kartoffelpflanze. Im Sommer wachsen daran die neuen Kartoffeln, die du im Herbst ernten kannst.

Bei anderen Pflanzen kannst du Triebe, also Stängel oder Aststücke, abschneiden und neu einpflanzen. Die Triebe bilden dann neue Wurzeln. Oder du kannst Wurzelteile abschneiden und wieder einpflanzen. Aus den Wurzeln wachsen neue Triebe. So entstehen neue Pflanzen.

Und es gibt sogar Pflanzen, die beides können: Vermehrung über Samen und über Pflanzenteile. Zum Beispiel der Schnittlauch. Schnittlauch blüht im Frühsommer und bildet Samen. Gleichzeitig wachsen an den Schnittlauchpflanzen, die unten wie kleine Zwiebelchen aussehen, sogenannte Nebenzwiebeln. Aus diesen Baby-Zwiebeln werden wieder Schnittlauchpflanzen.

Samen für Pflanzen, die wir essen – unsere Nutzpflanzen

Auch viele der Pflanzen, die wir essen, wachsen aus Samen. Die Samen werden von Menschen angesät. Daraus wachsen unsere sogenannten Nutzpflanzen, die uns mit Früchten, Gemüse und Getreide versorgen. Wenn du ein reifes Gemüse wie eine Tomate oder einen Kürbis aufschneidest, kannst du im Inneren der Frucht die Samen sehen. Bei Getreide auf dem Feld kannst du die langen Ähren mit den Getreidekörnern sehen. Im Sommer werden die Ähren braun und die Getreidekörner darin hart und trocken. Sie sind die Samen des Getreides und wir ernten diese Samen, um sie zu Mehl und anderen Lebensmitteln zu machen.

WUSSTEST DU SCHON?

Wir essen nicht nur die Samen von Getreide. Auch viele andere Samen stehen bei uns auf dem Speiseplan. Dazu gehören Nüsse, Kürbis- und Sonnenblumenkerne, Mohn und Sesam. Andere Samen, wie Pfeffer, findest du in der Küche als Gewürz. Wenn du dich bei dir zu Hause in der Küche umsiehst, entdeckst du sicherlich noch einige weitere Samen, die du manchmal isst.

Salat, Karotte, Radieschen und Co. - woher kommt der Samen?

Bei Getreide und manchen Früchten können wir die Entstehung des Samens beobachten und wieder Samen ernten. Zum Beispiel bei einer reifen Tomate: Du kannst die Tomate essen und vorher einige Samen aus der Tomate herausnehmen. Die Samen kannst du trocknen und aufbewahren und im nächsten Jahr wieder ansäen. Mehr dazu findest du auf den folgenden Seiten.

Aber bei Salat, Wurzelgemüse und vielen anderen Pflanzen, die wir essen, sehen wir keine Samen. Wie funktioniert denn das?

Dass wir die Samen bei diesen Pflanzen nicht sehen, liegt daran, dass wir sie essen, bevor die Samen überhaupt wachsen können. Vielleicht hast du schon einmal gesehen, dass ein Salat, der nicht rechtzeitig geerntet wird, länglich nach oben wächst. Man sagt auch, der Salat »schießt« oder »wächst aus«. Die Blätter schmecken dann nicht mehr so gut oder werden sogar bitter. Das ist der Moment, in dem der Salat eine Blüte bildet. Die Blüte kann sehr hoch wachsen, vielleicht sogar höher als du groß bist. Wenn die Blüte verblüht, wachsen die Salatsamen.

- Du säst Salatsamen.

- Die kleinen Pflanzen bekommen einen Platz im Gartenbeet.

- Wenn du den Salat nicht erntest, beginnt die Blüte zu wachsen.

- Der Salat blüht mit vielen kleinen gelben Blüten.

- Wenn der Salat verblüht, bilden sich die Samen.

- Sie sehen aus wie kleine Fallschirmchen, wie du sie vielleicht vom Löwenzahn (Pusteblume) kennst.

- Aus jedem dieser kleinen Samen kann wieder eine neue Salatpflanze wachsen.

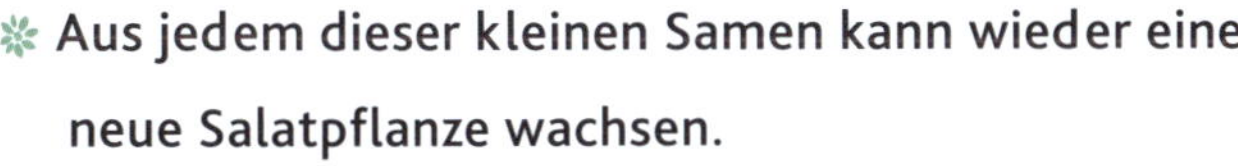

Bei anderen Gemüsen wie Karotten, Radieschen oder Kohlrabi funktioniert es genauso. Die Pflanzen müssen blühen, damit sich Samen bilden können. Dabei blühen nicht alle Pflanzen im selben Jahr, in dem sie gesät werden. Bei Karotten zum Beispiel wachsen im ersten Jahr nach der Aussaat die Wurzel und die Karottenblätter. Wird die Karotte nicht geerntet und die Wurzel nicht gegessen, wachsen im zweiten Jahr Blüten und dann bilden sich die Samen.

DAS RADIESCHEN-EXPERIMENT

Mach doch einen Versuch: Säe Radieschen an und ernte nur einen Teil davon zum Essen. Die anderen Radieschen lässt du einfach auf dem Beet. Wie bei Salat wachsen die Pflanzen im Laufe des Sommers in die Höhe und es bilden sich Blütenstiele, die später Samen hervorbringen.
Du wirst staunen, wie groß eine Radieschenpflanze werden kann und wie viele Samenschoten daran wachsen. Wenn du möchtest, kannst du sogar einen Teil der grünen Samenschoten essen. Sie schmecken ähnlich wie Radieschen. Den Rest der Samenschoten lässt du braun und trocken werden. Die reifen Samen befinden sich im Inneren der trockenen Samenschoten. Du kannst die Schoten aufbrechen und die Samen ernten. Im nächsten Jahr kannst du dann Radieschen von deinen eigenen Samen ansäen!

Manche Gemüse ernten wir außerdem, bevor sie reif sind. Zum Beispiel die Gurke. Das bedeutet, dass wir aus der Gurke noch keine fertigen und reifen Samen ernten können, wenn wir sie essen. Die Samen aus der unreifen Gurke würden einschrumpeln und es kann keine neue Gurke daraus wachsen. Das liegt daran, dass unreife Samen nicht keimen können. Wenn du einen Gurkensamen haben willst, den du wieder ansäen kannst, musst du die Gurke länger an der Pflanze lassen. Bis die Samen reif sind, wird die Gurke groß, gelblich und weich, und sie schmeckt auch nicht mehr gut.
Andere Fruchtgemüse, die wir unreif ernten und die noch keine fertigen und keimfähigen Samen enthalten, sind zum Beispiel Zucchini, grüne Bohnen, Erbsen und Zuckermais.

WUSSTEST DU SCHON?

Der größte der Teil der Pflanzen, von denen wir essen, wird durch Insekten befruchtet. Dazu gehören Obstbäume und Beeren. Ohne die Insekten würden keine Früchte an den Bäumen und Sträuchern wachsen. Dasselbe gilt auch für viele Gemüse. Auch hier ist es die Aufgabe der Insekten, die Blüten zu bestäuben, damit zum Beispiel Gurken und Kürbisse wachsen können. Bei anderen Gemüsen brauchen wir die bestäubenden Insekten, damit die Pflanzen Samen bekommen. Nur so können wir Karotte, Radieschen, Kohlrabi und Co. wieder ansäen.

Wenn du im Garten viele verschiedene Blumen hast, finden die Bienen, Hummeln, Schmetterlinge und viele andere Insekten auch Nahrung, wenn gerade kein Obst oder Gemüse blüht. Dadurch bleiben sie gerne bei dir im Garten wohnen.

Samen deiner Pflanzen – wie du deine Samen erntest und aufbewahrst

Seit vielen Tausend Jahren ernten Menschen Samen von Pflanzen. Viele dieser Pflanzen sind früher in der Wildnis gewachsen. Die Menschen haben die Samen geerntet und in ihren Gärten und auf den Feldern ausgesät. So sind über eine sehr lange Zeit unsere Nutzpflanzen entstanden, deren Früchte, Blätter und Wurzeln wir heute essen. Gemüsepflanzen, von denen du selbst einfach Samen ernten kannst, sind zum Beispiel Tomaten, Kürbis oder Bohnen.

WUSSTEST DU SCHON?

In der Natur verteilen die Pflanzen ihre Samen selbst. Dabei können die Samen große Strecken zurücklegen. **Pflanzen haben unterschiedliche Strategien, also Tricks entwickelt, wie sie ihre Samen verbreiten können:**

- Manche Samen **kleben sich an das Fell von Tieren** oder an die Kleidung von Menschen und werden so woanders hingetragen. Vielleicht kennst du ja die Große Klette. Sie klettet sich mit Haken an ihren Samenständen so fest, dass man sie kaum mehr von der Kleidung abbekommt. Die Klette war übrigens das Vorbild für den Klettverschluss, den die Menschen durch die Klette »erfunden« haben.
- Viele Wildfrüchte verbreiten ihre Samen auch über Tiere. **So fressen zum Beispiel Vögel die Früchte** und **scheiden die Samen an einer anderen Stelle wieder aus.** Die Samen bleiben oder werden dadurch sogar erst keimfähig.

- Oder **Ameisen verschleppen die Samen**, weil sie an den Samen Essbares finden. So hat zum Beispiel der Borretsch, ein Gewürzkraut, das du auch im Garten anbauen kannst, sogenannte Nüsschen am Samen kleben. Die Ameisen essen diese Nüsschen gern und nehmen sie als Vorrat mit in ihren Ameisenbau
- Andere Samen haben eine besondere Form, sodass sie **ganz weit vom Wind getragen werden**. Dazu gehören zum Beispiel die Fallschirmchen des Löwenzahns oder die Samen des Ahorns, die wie kleine Propeller aussehen.

Beispiel Samenernte Tomaten

Im Inneren der reifen Tomate findest du die Samen der Tomate. Die Samen sind mit einem feuchten Glibber überzogen. Dieser Glibber verhindert, dass die Samen in der reifen Tomate keimen. Man nennt das auch keimhemmende Schicht. Für die Samenernte kannst du einige Samen mit einem Löffel aus der Tomate nehmen. Am besten legst du dann einzelne Samen mit etwas Abstand auf ein Küchenpapier und lässt sie darauf trocknen. Im nächsten Jahr kannst du die einzelnen Samen mit dem Küchenpapier ausschneiden und säen.

Wenn du Samen haben möchtest, die nicht zusammenkleben und die du ausstreuen kannst, gibt es noch eine andere Möglichkeit. Gib die Samen mit etwas Wasser in ein Schälchen und lass sie zwei Tage bei Zimmertemperatur stehen. Der kleberige Glibber löst sich in dieser Zeit auf. Man nennt das auch Nassvergärung. Du kannst die Samen dann in einem Teesieb abwaschen und auf Papier trocknen lassen. Aber Achtung: Die Samen dürfen nicht länger als zwei Tage im Schälchen bleiben. Es kann sonst passieren, dass die Samen bereits zu keimen beginnen. Wenn sie dann trocknen, können sie nicht wieder keimen.

Beispiel Samenernte Kürbis

Auch der Kürbis wird geerntet, wenn er reif ist. Wenn du den Kürbis aufschneidest, um etwas zu Kochen oder einen Halloween-Kürbis zu schnitzen, findest du im Inneren der Frucht viele Kürbiskerne. Das sind die Samen. Du kannst sie abwaschen und am besten in einem Küchenhandtuch die Fruchtreste abrubbeln. Dann auf einem Papier ausbreiten und trocknen lassen. Du kannst die Samen mehrere Wochen bei Zimmertemperatur liegen lassen. Sie trocken dann gut nach und beginnen nicht zu schimmeln, wenn du sie später wegpackst.

EXPERTENWISSEN: VERKREUZUNG VON KÜRBISSEN

Wenn du Samen von Kürbissen ernten willst, dann bau am besten nur eine Kürbissorte im Garten an. Mehrere unterschiedliche Kürbissorten können sich kreuzen, also ihre Eigenschaften vermischen. Dafür sorgen die Hummeln und Bienen, wenn sie die Blüten bestäuben. Wenn du im nächsten Jahr Samen von Kürbissen säst, die sich gekreuzt haben, können die Kürbisse anders aussehen und schmecken.

Beispiel Samenernte Bohnen

Wenn wir Grüne Bohnen ernten, sind zwar bereits kleine Kerne in den Bohnen, aber die Kerne sind noch weich und nicht reif. Um reife Bohnenkerne zu ernten, müssen die Bohnen an der Pflanze bleiben, bis die Bohnenhülsen bräunlich und raschelnd trocken sind. Die Kerne in der Bohnenhülse sind dann auch trocken und ganz hart. Nur wenn die Bohnen trocken und hart sind, sind sie keimfähig. Dann kannst du sie als Samen für das nächste Jahr aufbewahren.

Du kennst solche Bohnenkerne vielleicht aus der Küche. Um sie Kochen und Essen zu können, müssen sie erst in Wasser eingeweicht werden, damit sie wieder weich werden. Daher werden die reifen Bohnen auch *Trockenbohnen* genannt.

Damit aus deinen geernteten Samen im nächsten Jahr wieder neue Pflanzen wachsen können, musst du ein paar Dinge beachten:

- Nur ausgereifte Samen keimen im nächsten Jahr wieder. Du erkennst dies daran, dass die Früchte, aus denen du die Samen erntest, reif sind und die Samen beim Trocknen nicht einschrumpeln. Oder, dass die Stiele der Pflanzen mit den Samen daran braun und trocken geworden sind. Die Samen sind dann auch fest und trocken.
- Um sie aufzuheben kannst du deine Samen am besten in kleine Gläschen mit einem Schraubverschluss füllen. Die Samen sind so vor Schädlingen geschützt, zum Beispiel vor Motten, deren Larven an den Samen knabbern könnten.
- In die Gläschen kannst du einen Zettel mit dem Namen der Pflanzen stecken, damit du die Samen später nicht verwechselst.
- Deine Samengläschen stellst du am besten an einen dunklen, trockenen und nicht zu warmen Platz. Das kann zum Beispiel ein Schrank sein, wo auch Lebensmittel aufbewahrt werden. Dann bleiben deine Samen mehrere Jahre keimfähig.

EXPERTENWISSEN:
SAMENFESTES SAATGUT

Saatgut ist ein anderes Wort für geerntete Samen. Menschen haben bestimmte Pflanzen immer wieder angebaut und Saatgut geerntet. Dabei haben die Menschen nur die Pflanzen vermehrt, die zum Beispiel am besten geschmeckt oder die größten Früchte bekommen haben. Für neue Sorten wurden zwei Pflanzen gekreuzt, also miteinander bestäubt. So kann aus einer roten runden und einer gelben länglichen Tomate eine neue Tomate wachsen, die vielleicht rot und länglich ist. Dies nennt man auch *Pflanzenzüchtung*. Pflanzen die auf diese Weise gezüchtet wurden nennt man *samenfest*. Wenn du samenfeste Samen erntest und wieder aussäst, bekommst du Pflanzen, die genauso aussehen wie die im Jahr davor.

Heutzutage gibt es auch andere Methoden wie neue Pflanzensorten gezüchtet werden. Man nennt diese Pflanzen auch *F1-Hybriden*. Wenn du Samen von solchen Pflanzen wieder aussäst, kann es sein, dass die Pflanzen nicht mehr so aussehen oder schmecken wie die im Jahr davor. Auf gekauften Samenpackungen steht, ob darin F1-Hybriden sind.

Wenn du selbst Samen ernten und wieder aussäen möchtest, musst du samenfestes Saatgut verwenden.

KAPITEL 2

Kinderleicht gärtnern

Unterschiedliche Pflanzen wachsen unter unterschiedlichen Bedingungen. In diesem Kapitel lernst du, was die Pflanzen brauchen, und bekommst viele hilfreiche Tipps.

SONNE, WASSER, ERDE

Die Natur liefert den Pflanzen alles, was sie zum Wachsen benötigen. Das sind Licht und Wärme, Wasser und Nährstoffe. Über die Wurzeln nehmen Pflanzen Wasser und Nährstoffe aus der Erde auf. Über die Blätter wird das Sonnenlicht unter anderem in Zucker umgewandelt, von dem sich die Pflanzen ebenfalls ernähren. Die Sonne sorgt außerdem für Wärme. Die meisten Pflanzen wachsen am besten, wenn es schön warm ist. Manche mögen es sogar richtig heiß.

EXPERTENWISSEN: FOTOSYNTHESE

Wenn wir Menschen ausatmen, entsteht das Gas Kohlendioxid. Und leider auch durch viele Motoren und Maschinen die wir Menschen nutzen. Für das Einatmen benötigen wir jedoch Sauerstoff, um überhaupt leben zu können. Sauerstoff wird von Pflanzen hergestellt. Mit den Blättern saugen Pflanzen das Kohlendioxid aus der Luft. Sie atmen es sozusagen ein. Sie nehmen auch Sonnenlicht auf. Die Pflanzen verwandeln dieses Sonnenlicht und das Kohlendioxid in neue Stoffe, nämlich Zucker und Sauerstoff. Den Zucker benötigen die Pflanzen zum Wachsen, Sauerstoff geben sie wieder in die Luft ab. Diesen Vorgang nennt man Fotosynthese. Ohne die Fotosynthese der Pflanzen gäbe es immer weniger Sauerstoff und immer mehr Kohlendioxid. Und damit immer schlechtere Luft für uns Menschen. Deshalb sind Pflanzen und vor allem auch die großen Wälder so wichtig für uns.

Die Keimung eines Samens

Der erste Schritt, damit eine neue Pflanze geboren wird, ist die Keimung des Samens. Im Samen ist ein kleiner Keimling versteckt, der unter den richtigen Bedingungen zu wachsen beginnt. Dies heißt auch Keimen des Samens. Ausgelöst wird das Keimen des Samens durch Feuchtigkeit und bestimmte Temperaturen.

Der Keimling bekommt dann kleine Keimblätter und eine Wurzel. Die erste Nahrung für den Keimling ist im Samen enthalten. Der kleine Keimling ist so stark, dass er mit der Wurzel und den Blättchen die Hülle des Samens durchbrechen kann. Die Samenhülle kann manchmal ganz schön hart sein. Denke nur mal an eine Nuss. Aber der kleine Keimling schafft das. Sobald der Keimling dann etwas gewachsen ist, holt sich die Wurzel Nahrung aus der Erde und über die ersten kleinen Blätter aus dem Sonnenlicht.

Damit die Keimung deiner Samen klappt und deine frisch gekeimten Samen zu großen Pflanzen weiterwachsen, musst du ein paar Dinge beachten.

Unterschiedliche Pflanzen, unterschiedliche Bedürfnisse

Verschiedene Pflanzenarten brauchen unterschiedlich viel Wärme, Licht und Wasser. Manche lieben es feucht und wachsen zum Beispiel gerne an Bachufern. Andere mögen es lieber trocken und können auch mit wenig Wasser gut wachsen. Ebenso gibt es Pflanzen die lieber im Schatten zu Hause sind, wo es kühler ist, und andere die am liebsten den ganzen Tag in der Sonne stehen. Diese Unterschiede gibt es schon für das Keimen der Samen und später für das Wachsen der Pflanzen.

WUSSTEST DU SCHON?

Viele Pflanzen, die heute bei uns wachsen, kommen aus ganz anderen Teilen der Erde. So brachten zum Beispiel Forscherinnen und Pflanzensammler neue Pflanzen aus der ganzen Welt zu uns nach Mitteleuropa. Und eine Menge Pflanzen, die wir heute besonders gerne essen, sind erst nach der Entdeckung Amerikas zu uns gekommen. Dazu gehören Tomaten, Paprika, Mais und Kartoffeln. Ursprünglich stammen Pflanzen wie Tomaten und Paprika aus dem sehr warmen Mittelamerika, wo es keinen Winter gibt.

Temperaturen für die Keimung

Daher benötigen Gemüse wie Paprika oder Tomaten auch sehr warme Temperaturen, damit das Samenkorn überhaupt zu keimen beginnt. Samen anderer Pflanzen wie zum Beispiel von Salat keimen dagegen nicht, wenn es sehr heiß ist. Und es gibt sogar Samen, die erst Kälte oder sogar Frost benötigen, damit sie zu Keimen beginnen.

TIPP: *Für das Ansäen von besonders wärmeliebenden Pflanzen, kannst du die Aussaatgefäße auf eine Heizung stellen. Oder du kannst eine Wärmematte darunterlegen. Die bekommst du im Garten-Geschäft. Damit bekommen die Samen so viel Wärme, wie sie für eine schnelle Keimung brauchen. Sobald die Keimblättchen hervorspitzen, nimmst du die kleinen Pflanzen von der Heizung oder der Matte und stellst sie kühler und an ein möglichst helles Fenster.*

Licht oder Dunkelheit für die Keimung

Ebenso musst du darauf achten, ob die Samen Licht oder Dunkelheit für die Keimung benötigen. Die meisten Gemüsearten sind sogenannte *Dunkelkeimer*. Wenn du sie säst, bedeckst du sie mit einer Schicht Erde. Achte darauf, dass diese bei kleinen Samen nur sehr dünn ist.

Viele Kräuter und Blumen sind dagegen *Lichtkeimer* und ihre Samen streust du einfach auf die Erde und drückst sie vorsichtig etwas an, damit die Samen guten Kontakt zur Erde haben.

Feuchtigkeit für die Keimung

Nun brauchen die Samen noch Wasser, damit sie zu keimen beginnen. Am besten befeuchtest du deine Saat regelmäßig mit einem Blumensprüher. Das ist besonders bei Lichtkeimern sehr wichtig, damit die Samen nicht während der Keimung austrocknen. Wenn du direkt in ein Gartenbeet ansäst, kannst du die Samen vorsichtig mit einer Gießkanne mit einer feinen Brause gießen.

TIPP: *Du kannst die Gefäße, in denen deine Samen sind, solange sie keimen mit einem Stück Frischhaltefolie abdecken. Dann bleiben Erde und Samen besser feucht. Dabei solltest du einmal am Tag die Abdeckung öffnen und lüften. Damit verhinderst du, dass sich Schimmel bildet. Erscheinen die ersten Keimblättchen, entfernst du die Folie.*

Übrigens kannst du für die Aussaat ganz unterschiedliche Gefäße verwenden, die ihr sowieso zu Hause habt und die meistens im Müll landen. Zum Beispiel Eierschachteln oder Schalen, in denen Beeren und Obst aus dem Supermarkt verpackt gewesen sind. Du kannst dir sogar ein Mini-Gewächshaus aus solchen gebrauchten Materialien bauen. Wenn du aus gebrauchten Verpackungen noch einmal etwas baust, das du sinnvoll verwenden kannst, nennt man das *Upcycling*.

ANLEITUNG:
BAU DIR DEIN MINI-GEWÄCHSHAUS

Für ein kleines Gewächshaus ist zum Beispiel ein Tetra Pak gut geeignet. Tetra Paks sind die viereckigen Verpackungen in denen Saft oder Milch drin ist. Außen sind Tetra Paks aus Karton. Innen ist eine Schicht aus dünnem Plastik, damit Saft oder Milch nicht herauslaufen können. Du brauchst einen Cutter oder ein scharfes Messer. Am besten lässt du dir dabei von deinen Eltern helfen.

Den Tetra Pak schneidest du der Länge nach mittig auf. Den Boden und den oberen Teil des Tetra Paks schneidest du nicht mit ab. Das sind später die »Stützen« für deine Gewächshausfolie. Sieh dir dazu die Fotos an. Du kannst nun in den Tetra Pak kleine Töpfchen oder Eierschachteln mit Erde stellen oder den Tetra Pak komplett mit Erde zum Aussäen füllen. Wenn deine Samen in der Erde sind, spannst du ein Stück Frischhaltefolie oder eine durchsichtige Plastiktüte darüber.

Auch aus durchsichtigen Plastikflaschen kannst du ein Mini-Gewächshaus bauen. Hierfür schneidest du eine Flasche der Länge nach in zwei Hälften und füllst in eine Hälfte die Erde. Die zweite Hälfte kannst du als Deckel für dein Gewächshaus verwenden. Tetra Paks und Plastikflaschen haben keinen Abfluss, daher darf die Erde nicht zu nass sein. Eine andere Möglichkeit ist es, die Flasche quer zu halbieren. Du kannst dann jeweils eine halbe Flasche über einen Aussaattopf stellen.

Die weitere Pflege deiner kleinen Pflanzen

Damit sich deine frisch gekeimten Pflänzchen gut entwickeln, benötigen sie nach der Keimung einen Platz an einem sehr hellen und sonnigen Fenster. Wenn du merkst, dass die Erde trocken wird, befeuchtest du die Aussaatgefäße wieder mit dem Blumensprüher. Oder du gießt sie vorsichtig mit einer kleinen Gießkanne.

Je nachdem, welche Pflanzen du gesät hast und in welchen Gefäßen sie wachsen, werden die kleinen Pflanzen nach ein paar Wochen in einzelne Töpfchen umgepflanzt. Man nennt das auch *Pikieren* oder *Vereinzeln*.

EXPERTENWISSEN:
GEILWUCHS

Wenn deine kleinen Pflanzen sehr schnell in die Höhe wachsen, lange Stiele bekommen und dabei recht dünn bleiben, spricht man von Geilwuchs. Das passiert, wenn die Pflanzen zu wenig Licht bekommen und versuchen, dem Licht entgegenzuwachsen. Und wenn der Raum, in dem sie stehen, zusätzlich recht warm ist.

Tomaten bekommen leicht Geilwuchs. Damit das nicht passiert, müssen die Pflanzen so hell und sonnig wie möglich stehen. Du kannst die Pflanzen auch ruhig etwas kühler stellen, in einem Raum, der nur wenig geheizt wird.

Wenn du mehrere gleiche Pflänzchen an Plätze mit unterschiedlichen Licht- und Temperaturverhältnissen stellst, kannst du beobachten, wie sich die Pflänzchen unterschiedlich entwickeln.

Nährstoffe für deine Pflanzen

So wie wir Menschen etwas zu essen brauchen, benötigen Pflanzen Nährstoffe. In unserer Nahrung sind Eiweiß, Vitamine, Mineralstoffe und andere Dinge enthalten, die unser Körper braucht. Ähnlich ist es mit der Nahrung für die Pflanzen. In der Erde sind verschiedene Nährstoffe. Manche helfen der Pflanze, dass ganz viele Blätter am Salat oder am Kohlkopf wachsen können. Andere unterstützen die Blüte und das Wachsen der Früchte für viele köstliche Tomaten. Und wieder andere helfen der Pflanze, gesund und widerstandsfähig zu bleiben.

Je nachdem welche und wie viele Nährstoffe in der Erde sind, wachsen deine Pflanzen besser oder nicht so gut. Das hängt auch vom Boden ab, in den du deine Pflanzen einsetzt. Manche Erde im Boden hat viele Nährstoffe, andere ganz wenige.

Du hast ja schon gelesen, dass Kompost oder Wurmhumus ganz besonders viele wichtige Nährstoffe enthält. Damit kannst du deine Pflanzen immer mit genügend guten Nährstoffen versorgen. Oder du düngst deine Pflanzen mit einer selbstgemachten Pflanzenjauche. Wie das geht, erkläre ich dir auf Seite 72 (→ »Rezept Brennnesseljauche«)

Nicht alle Pflanzen benötigen dieselben oder gleich viele Nährstoffe. Du kannst dir sicherlich vorstellen, dass ein riesiger Kürbis mehr Nährstoffe benötigt als zum Beispiel ein Salat oder ein Radieschen.

Mit ganz wenigen Nährstoffen kommen viele wilde Pflanzen in der Natur zurecht. Die Pflanzen, die wir als unsere Nahrung anbauen, sind aus solchen

Wildpflanzen zusammen mit uns Menschen entstanden. Man nennt dies auch *Pflanzenzüchtung* und die Pflanzen heißen *Nutzpflanzen* oder *Kulturpflanzen*. Sie sind meist größer als ihre wilden Verwandten oder haben mehr Früchte. Sie brauchen aber auch mehr Nährstoffe, damit sie gut wachsen und eine reiche Ernte bringen.

Du kennst bestimmt Walderdbeeren. Sie wachsen wild an Waldrändern und unter Hecken. Sie haben ganz kleine Erdbeeren. Die Erdbeeren, die wir einkaufen haben viel größere Früchte als die Walderdbeeren. Diese Erdbeeren sind solche Kulturpflanzen. Sie brauchen mehr Nährstoffe als Walderdbeeren und die Pflege von uns Menschen.

Außerdem solltest du darauf achten, dass du in deinem Gartenbeet dieselben Pflanzen nicht immer an dieselbe Stelle pflanzt. Wenn du zum Beispiel jedes Jahr den Kürbis am selben Platz hast, sind irgendwann nicht mehr genügend Nährstoffe für die großen Kürbisse da. Am besten wechselst du den Beetplatz mit anderen Pflanzen ab, die weniger Nährstoffe brauchen. Und zwischendurch gibst du zum Beispiel mit Kompost wieder neue Nährstoffe dazu.

Die unterschiedlichen Gemüsearten, ihre Aussaat und Pflege sind im Kapitel → »Dein Naschgarten: Gemüse« ab Seite 75 beschrieben. Hier erfährst du genau welche Temperaturen richtig sind, ob deine Samen Dunkel- oder Lichtkeimer sind, und ob die Pflanzen einen hohen oder niedrigeren Nährstoffbedarf haben.

Frühling, Sommer, Herbst und Winter

Je nach Jahreszeit kannst du unterschiedliche Pflanzen ansäen, pflanzen und ernten. Pflanzen, die es sehr warm mögen, wachsen bei uns nur im Sommer. So kannst du bei uns zum Beispiel Tomaten oder Zucchini auch nur von Sommer bis Herbst ernten. Im Winter gibt es dafür andere Pflanzen. Denen macht die Kälte nichts aus oder sie können lange aufbewahrt, also gelagert werden. Dazu gehören Kartoffeln und Kürbisse. Frisch ernten kannst du im Winter zum Beispiel Feldsalat und verschiedene Karotten- und Kohlsorten.

In unseren Lebensmittelmärkten gibt es das meiste Gemüse und Obst das ganze Jahr über. Dabei kommen dieses Gemüse und Obst aus anderen Ländern zu uns. Man nennt das auch Import von Gemüse und Obst. Die Erdbeeren an Weihnachten werden zum Beispiel mit dem Flugzeug aus Südafrika zu uns geflogen. Ganz viele Tomaten, Paprika und andere Gemüse, die es sehr warm brauchen, kommen aus riesigen Gewächshäusern in Spanien.

Du kannst dir sicherlich vorstellen, dass sehr viel Energie gebraucht wird, um all diese Lebensmittel zu uns nach Deutschland zu bringen. Vor allem bei einem Transport mit Flugzeugen, aber auch mit Schiffen und Lastwagen.

KLIMATIPP:
SAISONAL UND REGIONAL

Die vielen Transporte versorgen uns nicht nur mit Gemüse und Obst, sondern hinterlassen Schmutz in der Luft und auch Kohlendioxid. Für die Umwelt ist das nicht gut und zu viel davon ist schlecht für unser Klima. Je mehr Lebensmittel du isst, die nach Jahreszeit bei uns wachsen, umso mehr schützt du die Umwelt und das Klima. Dies liegt daran, dass diese Lebensmittel nicht so weit transportiert werden müssen und deshalb weniger Kohlendioxid entsteht. Für dein selbst angebautes Gemüse und Obst brauchst du überhaupt kein Fahrzeug, das die Ernte zu dir bringt.

Wenn Menschen essen, was gerade nach Jahreszeit in ihrer Nähe wächst, geerntet und hergestellt wird, wird dies auch eine ***saisonale*** und ***regionale*** Ernährung genannt. ***Saisonal*** bedeutet nach Jahreszeit und ***regional*** bedeutet in deiner Nähe.

RUND UM DAS GARTENBEET

Für den Garten gibt es viele nützliche Gartenhelfer. Die wichtigsten Gartengeräte solltest du dir kaufen oder schenken lassen, damit du gut ausgerüstet bist. Andere Sachen kannst du auch selbst oder zusammen mit deinen Eltern herstellen. Wichtiges Gartenwissen für den Anbau von Gemüse im Garten, auf Balkon und Terrasse hilft dir außerdem, dass deine Pflanzen gut gedeihen.

Gartenausstattung und Gartenwerkzeuge

Für das Ansäen und Einpflanzen deiner Pflanzen und die Arbeiten im Garten benötigst du verschiedenes Gartenzubehör. Dazu gehören unter anderem Töpfe und einige Werkzeuge.

Für die Aussaat:

Aussaatschalen und Aussaattabletts

In kleinen Aussaatschalen kannst du platzsparend deine Pflanzensamen auf der Fensterbank aussäen. Das Gute an Aussaattabletts ist, dass jeder Samen einen eigenen Platz bekommt.

Töpfe

Du kannst natürlich auch in Töpfchen ansäen. Wenn du in kleinen Aussaatschalen angesät hast, müssen die Pflänzchen nach ein paar Wochen in Töpfe pikiert werden. Zum Ansäen oder Pikieren von Tomaten, Paprika, Gurken und Kürbissen brauchst du Töpfchen, die mindestens einen Durchmesser von 10 Zentimetern haben. Die Pflanzen können dann bis zum Auspflanzen in diesen Töpfchen bleiben.

WUSSTEST DU SCHON?

Die meisten Aussaatschalen und Pflanztöpfe werden aus Plastik hergestellt. Oft sind sie schwarz und können, wenn sie kaputt sind, nicht wiederverwertet werden. Es gibt jedoch auch Aussaatgefäße zu kaufen, die aus recyceltem Plastik hergestellt sind. Sie sind meist grau oder haben andere matte Farben. Sie können, wenn sie kaputt gehen, wiederverwertet werden.

Außerdem gibt es Aussaatgefäße aus Naturkautschuk. Natürlicher Kautschuk wird aus dem Milchsaft des tropischen Kautschukbaumes hergestellt. Kautschuk wird für viele Dinge verwendet, die sonst aus Plastik sind. Es gibt zum Beispiel auch Gummistiefel und Gartenhandschuhe aus Naturkautschuk. Im Anhang auf Seite 160 kannst du nachsehen, wo du solche Kautschuk-Produkte kaufen kannst.

Aussaaterde

Für das Ansäen gibt es spezielle Aussaaterde zu kaufen. Diese Erde hat nicht besonders viele Nährstoffe. Für die Keimung und die ersten Blättchen reicht sie aber. Außerdem bekommen die Pflänzchen starke Wurzeln, weil sie sich auf die Suche nach Nährstoffen machen. Wenn die Pflanzen jedoch weiter kräftig wachsen sollen, musst du sie in eine nährstoffeiche Gemüseerde oder in Gartenkompost pikieren und umtopfen.

TIPP: *Wenn du einen reifen und schön krümeligen Gartenkompost hast, kannst du darin auch direkt ansäen. Am besten mischt du ihn noch ein wenig mit normaler Gartenerde. Deine Pflänzchen haben dann gleich alle Nährstoffe, die sie brauchen.*

KLIMATIPP:

ERDE OHNE TORF

Wenn du Erde einkaufst, solltest du darauf achten, dass es eine Bio-Erde ohne Torf ist. Torf wird in vielen Erden verwendet. Der Torf kommt aus Moorlandschaften und wird dort ausgegraben. Dabei werden diese Landschaften zerstört und viele Pflanzen und Tiere verlieren ihren Lebensraum. Außerdem speichern Torfmoore ganz viel Kohlenstoff. Wird der Torf ausgegraben, entweicht der Kohlenstoff als klimaschädliches Kohlendioxid in die Luft.

Für dein Gartenbeet:

Kleine Gartenwerkzeuge

→ Eine **Handschaufel** ist eines der wichtigsten Gartenwerkzeuge. Du kannst damit Pflanzlöcher zum Einpflanzen deiner Pflänzchen graben, Erde in Töpfe füllen, Komposterde um deine Pflanzen verteilen oder Saatreihen ziehen.

→ Ein **Unkrautausstecher** hilft dir, Pflanzen aus deinem Beet zu entfernen, die dort nicht wachsen sollen. Wie zum Beispiel Löwenzahn, der ganz tiefe Wurzeln hat.

→ Mit einem **Handrechen** kannst du die Erde in deinem Beet verteilen und glätten.

Große Gartenwerkzeuge

→ Mit einer **Grabgabel** kann der Boden im Beet aufgelockert werden oder du kannst damit Kartoffeln aus dem Beet ernten. Bei großen Grabgabeln lässt du dir am besten von deinen Eltern helfen.

→ Einen **Spaten** benötigst du zum Beispiel, um Pflanzlöcher für Beerensträucher zu graben oder um neue Beete anzulegen. Um den Boden im Beet aufzulockern, solltest du aber keinen Spaten verwenden. Der Spaten hat scharfe Kanten und kann Bodentierchen wie Regenwürmer verletzen. Außerdem werden beim Umgraben mit dem Spaten Bodentierchen, die in den oberen Bodenschichten wohnen, nach unten geworfen. Und die, die unten leben, kommen in die obere Erdschicht. Daran können die Bodentierchen, die so wichtig sind, sterben. Verwende deshalb zum Auflockern des Bodens lieber die Grabgabel.

Außerdem gibt es noch allerlei Nützliches:

→ Ganz wichtig sind natürlich **Gießkannen**. Am besten hast du eine kleine für deine Jungpflanzen und eine große für das Gartenbeet.

→ Einen **Blumensprüher** solltest du für das Befeuchten deiner Samen in den Aussaatgefäßen haben.

→ Mit einem **Gartenvlies** kannst du deine Anbauzeit verlängern. So kannst du zum Beispiel sehr frühe Saaten ab Februar und März mit einem Gartenvlies vor Kälte schützen. Ebenso kannst du im Herbst deine Ernte damit abdecken, wenn es kurzfristig sehr kalt wird.

→ Ein **Eimer** ist auch sehr nützlich, um Erde zu transportieren oder Gartenabfälle zum Kompost zu bringen.

→ Verschiedene Pflanzen, wie zum Beispiel Gurken oder Stangenbohnen, brauchen eine **Rankhilfe**, an der sie hochklettern können. Rankgitter- und Stangen könntest du kaufen. Wenn du Äste, Holzlatten und Schnüre hast, kannst du sie auch selbst bauen.

ANLEITUNG: RANKHILFEN

❋ **Tipi:** Du steckst große Äste ohne Seitenzweige kreisförmig tief in den Boden und bindest sie an der Spitze fest zusammen. So entsteht eine Zeltform. An jeden Ast kannst du eine Bohne oder eine Gurke pflanzen.

❋ **Erbsenreiser:** Du steckst kleinere Äste mit mehreren Seitenzweigen in einer Reihe fest in den Boden. Daneben säst du eine Reihe Erbsen, die dann an den Ästen - man nennt sie auch Reiser - hochklettern können.

❋ **Eine Schnur zum Klettern:** Vor allem im Gewächshaus können Gurken, Tomaten und Bohnen auch an gespannten Schnüren klettern. Du brauchst für jede Pflanze eine stabile Schnur, die am Dachrahmen des Gewächshauses befestigt wird. Unten knotest du die Schnur locker um die Pflanzen. Beim Hochwachsen spannt sich die Schnur durch das Gewicht der Pflanzen von allein.

❋ **Rankgitter:** Du kannst auch Rankgitter selbst bauen. Dafür brauchst du zwei dickere Äste oder Holzlatten für die Seiten des Rankgitters. Oben und unten wird jeweils ein Ast oder eine Latte quer angebracht. Du kannst die Äste und Latten mit einer Schnur fest zusammenbinden. Unten muss ein Abstand bleiben, damit du das Rankgitter später in die Erde stecken kannst. So hast du nun schon den Rahmen für dein Rankgitter. In Abständen von ungefähr 20 Zentimetern kannst du dann quer weitere Äste oder Latten festbinden oder stabile Schnüre spannen.

Pflanzplan für deine Beete

Am besten überlegst du dir zuerst, welche Pflanzen du gerne anbauen möchtest. Schließlich sollen ja deine Lieblingssorten wachsen. Dann musst du planen, wie viel Platz die verschiedenen Pflanzen im Beet brauchen. Große Pflanzen, wie Zucchini, brauchen nämlich viel mehr Platz als eine kleine Reihe Karotten. Manche Gemüsearten, wie zum Beispiel Radieschen, brauchen nur kurze Zeit, bis du sie ernten kannst. Du kannst dann nach der Ernte an denselben Platz im Beet nochmal etwas anderes ansäen oder pflanzen.

EXPERTENWISSEN: GUTE NACHBARN UND MISCHKULTUR

Du hast schon gelesen, dass du nicht immer an derselben Stelle dieselben Pflanzen anbauen sollst. Das liegt daran, dass sie dieselben Nährstoffe benötigen und dieselben Krankheiten bekommen können. Auch Tierchen wie Blattläusen oder bestimmten Raupen schmecken dieselben oder eng verwandte Pflanzen. Zum Beispiel fressen die Raupen des Kohlweißlings, einem Falter, nur an den vielen Verwandten des Kohls. Die Tierchen können sich dann an dieser Stelle gut vermehren, weil sie immer genügend Futter finden, das ihnen schmeckt. Zu viele dieser Tierchen können deinen Pflanzen jedoch sehr schaden, wenn sie sehr viel davon abfressen.

Daher solltest du immer verschiedene Pflanzen nebeneinander oder nacheinander anbauen, die nicht miteinander verwandt sind. Die schädlichen Tierchen müssen sich dann immer wieder einen neuen Fressplatz suchen und vermehren sich nicht so stark. Eng verwandt sind zum Beispiel Kürbis und Zucchini, Radieschen und Rettich, Bohne und Erbse und außerdem die vielen verschiedenen Kohlsorten.
Wenn du Pflanzen als Nachbarn zusammenpflanzt, die nicht so eng verwandt sind, nennt man das auch *Mischkultur*.

Gemüse auf Balkon und Terrasse

Auch wenn du keinen Garten hast, kannst du viele Gemüse auf Balkon oder Terrasse anbauen. Oder du kannst zusätzlich zu deinem Gartenbeet Töpfe mit Tomaten oder Paprika auf die warme Terrasse stellen.

Pflanzen, die du auf Balkon und Terrasse anbauen möchtest, benötigen große Pflanzgefäße. Dazu musst du wissen: Kleine Pflanztöpfe trocknen schneller aus als große. Sie müssen öfter gegossen werden. Außerdem passt in kleine Töpfe viel weniger Erde. Dadurch stehen den Pflanzen weniger Nährstoffe zur Verfügung. Du musst sie extra damit versorgen. Das nennt man auch düngen.

Du kannst aber auch ein Hochbeet aufstellen. Das ist ein Beet, an dem du im Stehen arbeiten kannst. In ein Hochbeet passt richtig viel Erde und das Wasser kann dadurch länger gespeichert werden als in Töpfen. In einem Hochbeet kannst du alles Gemüse anbauen, genauso wie im Gartenbeet. Für Töpfe sind nämlich nicht alle Gemüsearten geeignet. Kürbisse zum Beispiel wachsen im Topf nicht besonders gut. Oder der Topf muss riesig sein.

Anbau in Töpfen

Töpfe stehen meist auf Balkonen oder Terrassen, auf die von Süden die Sonne scheint. Im Sommer kann es da sehr heiß werden. Nicht alle Pflanzen vertragen so große Hitze. Salat zum Beispiel beginnt dann schnell zu blühen und schmeckt nicht mehr. Kohlrabi kann aufplatzen und die Knollen bleiben klein. Radieschen werden hart und schmecken sehr scharf.

Solche Gemüse baust du dann am besten nur im Frühling und im Herbst an oder auf einem Balkon, der nicht so viel Sonne bekommt.
Dafür sind die warmen Balkone und Terrassen für viele wärmeliebende Gemüse ein besonders guter Platz. Hauswände und Pflastersteine von Terrassen speichern über den Tag die Wärme der Sonne und geben sie in der Nacht wieder ab. Und auch bei Regen und kühleren Temperaturen sind die Pflanzen dort schön geschützt.

Damit deine Pflanzen auch im Topf gut wachsen

- Wähle für Töpfe eher kleinbleibende Pflanzen aus. Sie benötigen weniger Platz und weniger Nährstoffe. Dazu gehören Ampel- und Cocktailtomaten, Snackpaprika oder Minigurken.

- Verwende Töpfe, die groß genug sind. Für Paprika zum Beispiel brauchst du einen Topf mit mindestens 15 Litern Inhalt. Und für hochwachsende Tomaten am besten einen Topf der noch größer ist. Es sollten ungefähr 25 Liter Erde oder mehr hineinpassen.

- Stelle deine Töpfe in einen Topfuntersetzer. Der Untersetzer fängt Gießwasser auf und es kann von der Erde nach und nach aufgesogen werden. Nur bei längerem Regen solltest du die Untersetzer wegstellen, damit die Wurzeln der Pflanzen nicht zu lange im Nassen sind.

- Gieße nicht bei praller Sonne. Am besten gießt du am Abend. Dann kann das Wasser über Nacht aufgenommen werden und verdunstet nicht gleich wieder durch die heiße Sonne.

- Wenn es besonders heiß ist, kannst du deine Pflanzen beschatten. Dafür stellst du ihnen in der heißesten Zeit des Tages zum Beispiel einen Sonnenschirm auf oder spannst ein Sonnensegel.

- Mulche deine Töpfe. Das Abdecken der Töpfe mit Mulch verhindert, dass die Töpfe gleich wieder austrocknen. → Mehr Infos zu Mulch findest du auf Seite 67 unter »Mulch für deine Beete«.

- Versorge deine Pflanzen mit einem natürlichen Langzeitdünger. Ein Langzeitdünger gibt Nährstoffe über eine längere Zeit ab. Die Pflanzen im Topf sind dadurch über den Sommer mit ausreichend Nährstoffen versorgt. So sind zum Beispiel Schafwollpellets ein biologischer Langzeitdünger. Die Pellets werden aus Schafwolle hergestellt, die sonst nicht verarbeitet wird. Die Pellets sind nicht nur ein toller Dünger, sondern können auch gut Wasser speichern. Schau dazu auch im → »Anhang« auf Seite 160

TIPP: *Anstelle von Töpfen kannst du auch Pflanzsäcke oder Pflanztaschen verwenden. Es gibt sie auch aus recyceltem Plastik. Sie sind nicht so schwer wie Töpfe und du kannst sie über den Winter zusammenfalten und platzsparend aufräumen.*

Pflege deiner Beete und Pflanzen

Damit all deine Pflanzen eine reiche Ernte bringen, brauchen sie deine Pflege. Dazu gehört regelmäßiges Gießen, wenn es trocken ist. Manchmal benötigen die Pflanzen auch zusätzliche Nahrung in Form von Dünger. Außerdem solltest du deine Beete mulchen und bei Bedarf Beikräuter entfernen.

Beikräuter sind wilde Pflanzen, die von allein in deinem Gartenbeet zu wachsen beginnen, obwohl du sie nicht angesät hast.

Mulch für deine Beete

Mulchen bedeutet, dass du deine Beete mit einer Schicht aus natürlichem Material bedeckst. Das kann zum Beispiel Gras vom Rasenmähen oder Laub sein. Du fragst dich nun wahrscheinlich, warum du das machen solltest. Nun, mulchen ist gut für dich und deinen Boden:

- Wenn der Boden bedeckt ist, trocknet er nicht so schnell aus. Das mögen die Pflanzen und du musst weniger gießen.

- Durch eine Mulchschicht wachsen weniger Wildkräuter im Beet und du musst weniger Unkraut jäten.

- Wenn es stark regnet, ist der Boden durch den Mulch geschützt. Die fruchtbare Erde wird nicht vom Regen fortgeschwemmt.

- Der Mulch ist Nahrung für die Bodentierchen. Sie verwandeln den Mulch wieder in fruchtbare Erde. Du wirst staunen, wie schnell eine Mulchschicht aus Rasenschnitt verschwunden ist und die Erde wieder sichtbar ist. Durch den Mulch und die Arbeit der Bodentierchen musst du weniger düngen.

- Außerdem kannst du auf einer Mulchschicht besser durch die Beete gehen. Für Früchte wie Erdbeeren oder Kürbis kannst du auch Stroh verwenden. Die Früchte liegen dann auf dem trockenen Mulch und faulen nicht so leicht.

EXPERTENWISSEN:
DIE NATUR KENNT KEINEN OFFENEN BODEN

Wenn du dich in der Natur umsiehst, kannst du feststellen, dass der fruchtbare Erdboden entweder von Pflanzen bewachsen oder mit Laub und Nadeln von Bäumen bedeckt ist. Dadurch sind der Boden und die Bodentierchen geschützt. Unbedeckten Boden findest du meist in unseren Gärten oder auf dem Acker. Diese offene Erde versucht die Natur so schnell wie möglich wieder zu bedecken. Dafür hat sie Pflanzen, die den Boden ganz schnell wieder bewachsen können. Diese Pflanzen heißen auch Pionierpflanzen. Dazu gehören Wildkräuter wie Vogelmiere oder Gundermann und viele Gräser. Auf deinen Beeten kannst du mit einer Mulchschicht die Natur nachahmen und den Boden schützen.

Übrigens darfst du keinen Rindenmulch verwenden. Rindenmulch ist für Gemüsebeete nicht geeignet. Die Erde würde zu sauer werden. (→ Was das heißt, lernst du auf Seite 156 im Infokasten »pH-Wert des Bodens«.

Jäten von Wildkräutern

Jäten bedeutet, dass du Pflanzen, die du nicht angesät hast, aus dem Beet entfernst. Du kannst sie mit den Fingern auszupfen oder eine kleine Hacke und einen Unkrautstecher verwenden. Es gibt ganz viele Wildpflanzen, die sich in deinem Beet ansiedeln können. Vor allem, wenn der Boden nicht mit Mulch abgedeckt ist.

Wenn du aber zum Beispiel Karotten ansäen willst, kannst du nicht in den Mulch hineinsäen. Du brauchst den offenen Boden, um Saatreihen zu ziehen und die Karotten auszusäen. Karotten brauchen eine Zeitlang, um zu keimen und wachsen am Anfang sehr langsam. Wenn nun schnellwachsende Wildkräuter zusammen mit den Karotten im Beet keimen, kann es passieren, dass sie die kleinen Karotten überwuchern. Die Karotten haben dann unter den Wildkräutern kaum mehr eine Chance ordentlich zu wachsen. Deshalb solltest du die wilden Kräuter, die von selbst aufgegangen sind, ausjäten.

TIERE IM GARTEN: SCHMETTERLINGSRAUPEN

Viele Raupen von Schmetterlingen fressen nur ganz bestimmte Pflanzen. Die Brennnessel zum Beispiel ist eine wichtige Futterpflanze für verschiedene Schmetterlingsraupen, wie das Tagpfauenauge oder den Kleinen Fuchs. Insgesamt ernähren sich Raupen von 36 Schmetterlingsarten von der Brennnessel. Manche davon fressen nur Brennnesselblätter und würden aussterben, wenn es keine Brennnessel mehr gäbe. Auch andere Schmetterlingsraupen mögen nur ganz bestimmte Pflanzen. Man nennt dies auch *Spezialisierung*. So ernähren sich die Raupen des Schwalbenschwanzes, eines Schmetterlings, hauptsächlich von Blättern der Wilden Möhre und des Wilden Fenchels. Leider werden unsere Wiesen meist gemäht, bevor die Raupen genug zu Fressen gefunden haben. Du kannst den Schmetterlingen helfen, wenn du zum Beispiel Brennnesseln in einer Ecke deines Gartens wachsen lässt oder Gewürzfenchel pflanzt.

Dünger für deine Pflanzen

Wenn du merkst, dass deine Pflanzen nicht so gut wachsen, kann es sein, dass sie zusätzliche Nahrung brauchen. Das kann passieren, wenn du vielleicht vor der Pflanzung keinen Kompost für das Beet gehabt hast oder im Jahr zuvor dort Pflanzen gewachsen sind, die sich ganz viel Nahrung aus dem Boden geholt haben.

Dann ist es Zeit, den Pflanzen nochmal zusätzliche Nahrung zu geben, also zu düngen. Ein toller Dünger ist der Wurmhumus aus der Wurmkiste (→ Seite 16). Oder du kannst biologischen Dünger im Gartenmarkt kaufen. Du kannst ihn aber auch selbst machen. Ein guter Dünger, den die Pflanzen schnell aufnehmen können, ist eine Jauche aus Kräutern und vor allem aus Brennnesseln.

ANLEITUNG: REZEPT BRENNNESSEL-JAUCHE

Für den Brennnesseldünger musst du zuerst Brennnesseln sammeln. Das machst du am besten mit Handschuhen. Die Brennnesseln sollten noch nicht blühen und vor allem noch keine Samen gebildet haben. Du zerschneidest die Brennnesseln grob und legst sie in einen Eimer. Dann füllst du den Eimer zu ungefähr ¾ mit Wasser. Insgesamt solltest du etwa 1 Kilogramm Brennnesseln und 10 Liter Wasser haben. Wenn du einen kleinen Garten oder nur Töpfe zum Düngen hast, nimm einfach von beidem weniger.

Den Eimer deckst du mit einem Deckel oder einem Brett ab. Du stellst ihn draußen in den Schatten. Die Brennnesseln beginnen im Wasser zu gären und es bilden sich dadurch Bläschen oder etwas Schaum. Dieses Gären ist wichtig, damit die guten Wirkstoffe aus der Brennnessel in das Wasser abgegeben werden. Je nachdem wie warm es ist, dauert das ungefähr zwei bis drei Wochen. Es ist gut, im Eimer ab und zu umzurühren, damit Luft hineinkommt. Wenn du keine Bläschen und keinen Schaum mehr siehst, ist die Düngejauche fertig. Die Brennnesseln sind dann nur noch Matsch. Du kannst die Düngejauche durch ein Sieb abseihen und die Reste der Brennnesseln auf den Kompost werfen.

Bevor du die Jauche verwendest, musst du sie mit ganz viel Wasser verdünnen. In eine Gießkanne mit 10 Litern Wasser gibst du 1 Teil Brennnesseljauche und 9 Teile Wasser. Dann kannst du Pflanzen, die Nahrung brauchen, damit gießen. Allerdings darf die Erde bei den Pflanzen nicht ausgetrocknet sein und es sollte auch keine pralle Sonne scheinen.

Die Brennnesseljauche kann ziemlich eklig riechen. Wenn du in den Eimer zusätzlich etwas Effektive Mikroorganismen und Urgesteinsmehl und/oder Pflanzenkohle gibst, riecht es weniger. Informationen dazu findest du im → »Anhang« auf Seite 160.

TIPP: *Die Effektiven Mikroorganismen können deinem Gartenboden auch helfen, wenn ganz wenige Bodentierchen da sind. Manchmal wurde nämlich ein Boden sehr stark mit Kunstdüngern gedüngt oder falsch bearbeitet, sodass die Bodentierchen den Boden verlassen haben.*

KAPITEL 3

Dein Naschgarten: Gemüse

Brokkoli, Tomaten, Mais – welches Gemüse schmeckt dir am besten? In diesem Kapitel erfährst du, wie du deine Lieblingsgemüse erfolgreich anbaust.

BUNTES GEMÜSE ZUM NASCHEN UND GENIESSEN

Im eigenen Garten, auf Balkon und Terrasse kannst du ganz besondere Gemüsesorten anpflanzen. Du kannst dir bunte und seltene Sorten aussuchen, die es in den meisten Läden gar nicht zu kaufen gibt. Süße Tomaten, knackige Erbsen und Zuckermais lassen sich direkt aus dem Beet naschen. Mit anderem Gemüse und Salat kannst du zusammen mit deiner Familie etwas Tolles Kochen.

Die meisten Gemüsearten sind im Anbau einjährig. Das heißt, dass sie zu Beginn des Jahres gesät werden und du im Sommer und bis in den Herbst oder Winter hinein ernten kannst. Gemüse wie Tomaten oder Paprika sterben im Herbst ab, da es ihnen bei uns zu kalt wird. Andere, wie Salat, Karotten oder Radieschen haben wir einfach aufgegessen. Im nächsten Frühjahr beginnst du dann erneut auszusäen.

Zu den verschiedenen Gemüsearten bekommst du nun ganz viele Tipps, damit alles gut wächst und du viel ernten kannst!

BLUMENKOHL UND BROKKOLI

Aussaat, Pflanzen und Ernte

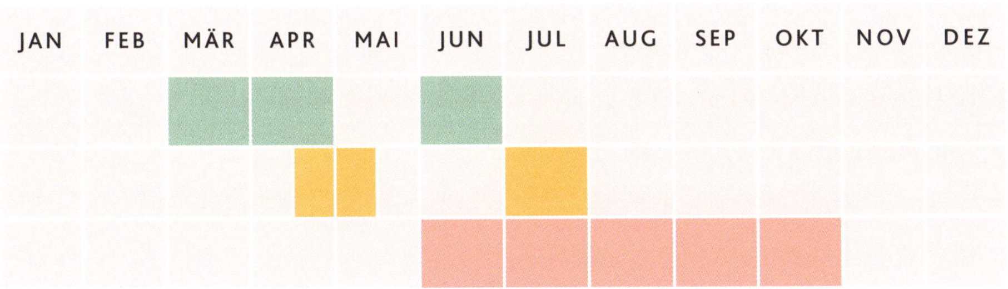

Kohl gehört zu den Gemüsen, die besser wachsen, wenn es eher kühl ist. Wenn es sehr heiß und trocken ist, bekommen sie leicht Krankheiten. Deshalb kannst du Kohl auch an einen Platz pflanzen, wo nicht den ganzen Tag volle Sonne scheint. Dies gilt auch für Blumenkohl und Brokkoli. Die beiden können schon früh im Jahr draußen wachsen. Dennoch hilft es, die Pflänzchen vorzuziehen. Das bedeutet, du säst sie in kleine Töpfchen oder auf extra dafür gemachten Aussaattabletts in der Wohnung aus. Die Keimlinge, also die ganz frisch aufgegangenen Pflänzchen, sind dadurch vor Schnecken geschützt und du hast einen besseren Überblick wie weit auseinander du die Pflanzen später setzen musst. In jedem Töpfchen oder in jedem Platz im Aussaattablett säst du ein Samenkorn.

Sobald die Kohlsamen gekeimt haben, musst du sie kühl und möglichst hell stellen. Am besten kommen sie draußen an einen geschützten Platz oder in ein Frühbeet oder Gewächshaus. In der geheizten Wohnung ist es dem Kohl auf jeden Fall zu warm. Die Pflanzen werden dann ganz lang und dünn. Wenn die Pflänzchen ungefähr 5 bis 8 Zentimeter groß sind, kannst du sie ins Gartenbeet pflanzen.

Auf einen Blick:

- Aussäen ab März in Töpfchen oder Aussaattabletts
- Dunkelkeimer, die Samen etwa 0,5 cm mit Erde bedecken
- Keimung bei mittleren Temperaturen ab 15 Grad nach ca. 7 Tagen
- Nach der Keimung kühl und hell stellen
- Bei einer Größe von etwa 8 cm ins Gartenbeet pflanzen
- Pflanzabstand von etwa 40 cm
- Blumenkohl und Brokkoli haben einen hohen Nährstoffbedarf.
- Bei Trockenheit regelmäßig gießen
- Erste Ernte nach ca. 12 Wochen

TIPP: *Bei Blumenkohl und Brokkoli werden die Knospen gegessen. Die Knospe wächst jeweils in der Mitte der Pflanze heran und sie wird geerntet, bevor die einzelnen kleinen Blüten sichtbar werden. Es lohnt sich, deine Pflanzen täglich zu beobachten. Wenn du zu früh erntest, ist die Knospe noch klein. Wenn du zu spät erntest, beginnen die Knospen zu blühen. Bei der Ernte schneidest du jeweils den dicken Stängel, der auch Strunk heißt, unterhalb der Knospe ab.*

Lange Erntezeit bei Brokkoli

Bei Brokkoli wachsen nach der Ernte der Hauptknospe Seitentriebe. Daran bilden sich wieder neue Knospen. Sie sind zwar kleiner, dafür sind es mehr. Du kannst über den ganzen Sommer die nachwachsenden Knospen mit den Stielen ernten. Es gibt auch spezielle Brokkoli, die vor allem viele Seitentriebe bekommen und nur eine kleinere Mittelknospe. Solche Brokkolisorten heißen auch *Sprouting Brokkoli*. Sie sind gut geeignet, wenn du gerne viele kleine Triebe mit Knospen ernten möchtest. Du kannst die kleinen Stiele und Knospen auch roh knabbern.

Bei Blumenkohl kannst du nur einmal die große Knospe ernten. Danach kannst du die restliche Pflanze aus dem Beet nehmen und etwas Neues anpflanzen.

WUSSTEST DU SCHON?

Kohl ist eines der gesündesten Gemüse überhaupt. Er hat nämlich sehr viele Vitamine und Mineralstoffe in Blättern, Stängeln und Knospen. Eine Portion Brokkoli, sogar wenn er gekocht wurde, hat mehr Vitamin C als eine Zitrone. Vitamin C ist wichtig für dein Immunsystem, damit du gesund bleibst.
Der Kohl mit den meisten wichtigen Vitaminen und Mineralstoffen ist übrigens der Grünkohl. Er wird im Juni und Juli angebaut. Grünkohl übersteht sogar Frost und kann im Winter im Garten bleiben. Einzelne Blätter kannst du den ganzen Winter hindurch ernten.

Fressfeinde an deinem Kohl

Der gesunde Kohl schmeckt nicht nur uns, sondern auch verschiedenen Tierchen. Da sie unseren Pflanzen schaden können, nennen wir sie Schädlinge. Manchmal kann es geschehen, dass deine Kohlpflanzen (das gilt auch für Kohlrabi → siehe Seite 98) von Blattläusen und Raupen besucht werden. Vor allem kleine Pflanzen können dann so zerfressen werden, dass sie kaum mehr weiterwachsen. Du kannst die Läuse und Raupen absammeln und an einen anderen Platz bringen, wo sie keinen Schaden anrichten.

TIERE IM GARTEN:
NÜTZLINGE »PFLANZEN«

Am besten ist es, wenn sogenannte ***Nützlinge*** im Garten leben. Sie fressen nämlich die Läuse und Raupen. Solche Nützlinge sind zum Beispiel Marienkäfer, Larven der Schwebfliege und viele Vögel. Du kannst die Nützlinge bei dir im Garten heimisch machen. Damit sie bei dir im Garten leben können, brauchen sie auch Futter, wenn es gerade keine Blattläuse und andere Schädlinge gibt. Nektar von vielen Blumen ist zusätzliche Nahrung für die Schwebfliegen und Marienkäfer. Samen von Blumen werden gerne von Vögeln gefressen. Dafür kannst du zu deinem Gemüse zum Beispiel ***Sonnenblumen***, ***Ringelblumen*** und ***Schmuckkörbchen*** pflanzen. Außerdem helfen Winterfutter und Nistkästen für die Vögel. Wenn es genügend Nützlinge als Gegenspieler zu den Schädlingen gibt, spricht man von einem ***ökologischen Gleichgewicht***.

ERBSE

Aussaat und Ernte

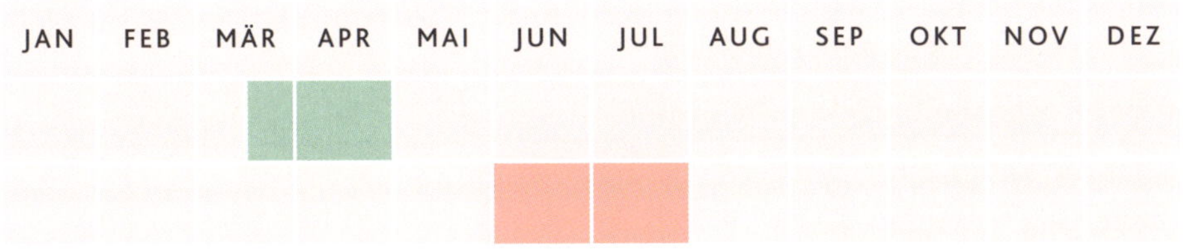

Erbsen kannst du bereits früh im Jahr, von März bis April, direkt ins Beet säen. Wenn der Boden noch gefroren ist oder noch Schnee liegt, musst du mit der Aussaat jedoch warten, bis es etwas wärmer geworden ist. Erbsen mögen eher kühles und feuchtes Wetter. Sie wachsen dann besser als bei Hitze. Nur wenn es noch einmal stärkeren Frost gibt, solltest du dein Erbsenbeet zum Beispiel mit einem Gartenvlies abdecken, bis es wieder wärmer wird.

Erbsen wachsen schnell und du kannst bereits nach ungefähr acht bis neun Wochen die ersten Erbsen ernten. Wenn es im Sommer dann richtig heiß wird, hören Erbsen auf zu blühen und Hülsen zu bilden. Die Pflanzen werden dann gelb und du kannst sie aus dem Beet nehmen.

Auf einen Blick:

- Aussäen im März und April direkt ins Beet
- Dunkelkeimer, die Samen etwa 2 cm mit Erde bedecken
- Keimung auch bei kühlen Temperaturen nach ca. 10 Tagen
- Erbsen benötigen eine Rankhilfe.
- Bei Trockenheit regelmäßig gießen
- Erbsen haben einen mittleren Nährstoffbedarf.
- Ernte im Juni und Juli

TIPP: *Je nach Sorte werden Erbsen zwischen 40 und 150 Zentimeter hoch. Sie benötigen eine Rankhilfe, an der sie sich beim Hochwachsen festhalten können. Am besten säst du Erbsen in Reihen. Die Erbsen sollten einen Abstand von 2 Zentimetern und die Reihen einen Abstand von ungefähr 20 Zentimetern haben. Zwischen den Reihen kannst du Reiser einstecken oder Schnüre als Rankhilfe spannen. Siehe dazu auch*
→ *»Anleitungen für Rankhilfen« auf Seite 61.*

Schälerbsen und Zuckerschoten

Du kennst bestimmt die grünen Erbsen, die aus der Erbsenhülse geschält werden. Diese Erbsen heißen *Mark-, Schäl- oder Palerbsen* und die Hülse kannst du nicht mitessen. Sie schmeckt bei diesen Erbsen zäh und hart. Daneben gibt es auch *Zuckererbsen*, bei denen die Hülse essbar ist. Bei Zuckererbsen kannst du die flachen Hülsen direkt von der Erbsenpflanze naschen. Die Erbse hat dann noch keine Erbsenkörner gebildet. Man nennt solche Erbsen auch *Zuckerschoten* oder *Kaiserschoten*. Manche Sorten der Zuckererbsen werden erst geerntet, wenn die Hülsen ganz rund und prall sind und schon dicke Erbsenkörner gewachsen sind. Solche Zuckererbsen heißen auch *Zuckerknackerbsen*. Auch bei dieser Erbse kannst du die Hülse mitessen. Alle Zuckererbsen schmecken knackig und süß.

WUSSTEST DU SCHON?

Wusstest du, dass es nicht nur Erbsen mit grünen Hülsen gibt? Bei den Zuckerschoten gibt es auch Sorten mit gelben Hülsen. Und es gibt sogar Erbsen mit violetten Hülsen, sie heißen auch *Kapuzinererbsen*.

GARTENBOHNE

Aussaat und Ernte

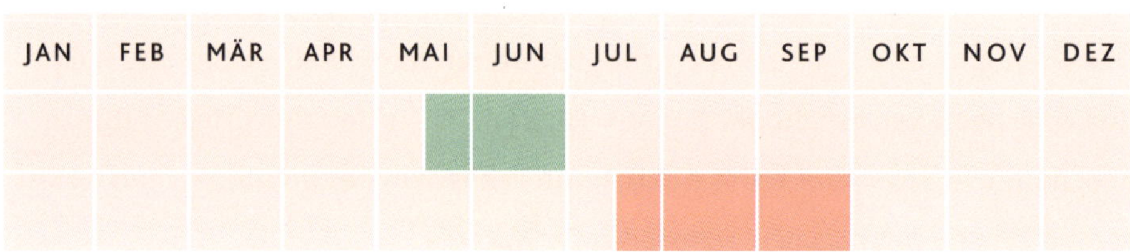

Busch- und Stangenbohnen, die meist in unseren Gärten angebaut werden, heißen *Gartenbohnen*. Sie sind aus Mittelamerika zu uns gekommen und vertragen keinen Frost. Sie werden ab Mai direkt ins Beet gesät. Wenn es im Mai noch recht kalt und nass ist, wartest du mit der Aussaat besser auf wärmeres Wetter. Es kann sonst passieren, dass die Bohnenkerne im Boden verfaulen, anstatt zu keimen. Bei *Stangenbohnen* kannst du auch jeweils fünf bis sechs Bohnenkerne in ein Töpfchen säen und die Bohnen auspflanzen, wenn sie schon größer sind.

Gegenüber den Gartenbohnen gibt es auch *Ackerbohnen*, die heute meist als Tierfutter angebaut werden. Außerdem werden in wärmeren Ländern verschiedene Bohnenarten angebaut, denen es bei uns auch im Sommer meist zu kalt ist.

Auf einen Blick:

- Aussäen im Mai direkt ins Beet
- Stangenbohnen eventuell in Töpfchen vorziehen
- Dunkelkeimer, die Samen etwa 2 cm mit Erde bedecken
- Keimung bei Temperaturen um die 20 Grad nach ca. 8 Tagen
- Stangenbohnen benötigen eine Bohnenstange als Kletterhilfe.
- Bohnen haben einen mittleren Nährstoffbedarf.
- Ernte der grünen Hülsen ab Juli bis zum Herbst

TIPP: *Bei Stangenbohnen werden fünf bis sechs Bohnenkerne an eine Bohnenstange gepflanzt. Wenn du in Töpfchen vorgezogen hast, pflanzt du die Bohnen eines Töpfchens an eine Stange. Die jungen Bohnen werden dabei nicht mehr geteilt. Buschbohnen werden nicht so hoch und benötigen keine Kletterhilfe. Du kannst auch jeweils fünf bis sechs Bohnenkerne zusammen aussäen. Die einzelnen Kerne haben dann einen Abstand von wenigen Zentimetern. Dann lässt du ungefähr 20 Zentimeter frei und säst die nächsten Kerne zusammen aus. Das wird auch Horstsaat genannt.*

Wichtig: Gegenüber Erbsen darfst du die Bohnenhülsen nicht roh essen. Du kannst sie also nicht direkt von der Pflanze naschen. Erst gekocht sind Bohnen für uns gesund.

Trockenbohnen

Wenn du die grünen Bohnenhülsen erntest, sind die Bohnen noch nicht ausgereift und die Bohnenkerne in der Hülse noch ganz klein und weich. Du kannst die Bohnen aber auch reif werden lassen. Die Bohnenkerne werden dann groß und hart und die Hülse der Bohnen wird braun und trocken. Die reifen und harten Bohnenkerne kannst du aus den Hülsen schälen. Sie können zum Beispiel für Chili oder andere Eintöpfe verwendet werden. Dafür müssen die trockenen Bohnen circa 24 Stunden in Wasser eingeweicht und dann gekocht werden.

Einen Teil der Trockenbohnen kannst du aufbewahren und im nächsten Jahr wieder zum Aussäen verwenden.

WUSSTEST DU SCHON?

Aus Trockenbohnen kannst du Bohnenschmuck basteln. Es gibt ganz viele unterschiedliche Farben und Muster bei den Bohnenkernen. Viele sehen sehr, sehr hübsch aus. Mit einem kleinen Schmuckbohrer lassen sich die Bohnenkerne durchbohren, sodass du sie auffädeln kannst. Für eine Kette oder ein Armband sind die Bohnenkerne auch mit Perlen und anderen Materialien zusammen sehr schön.

GURKE

Aussaat, Pflanzen und Ernte

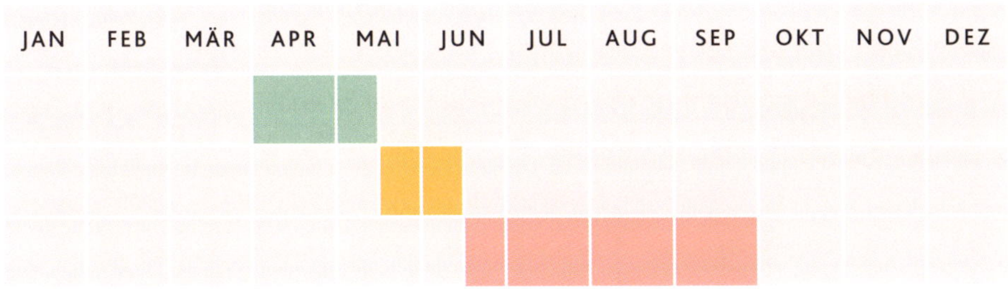

Gurken sind kälteempfindlich und du kannst sie im April im Haus auf der Fensterbank ansäen und vorziehen. Am besten säst du drei bis fünf Samenkerne jeweils in ein Töpfchen. Die kleinen Gurkenpflanzen werden nicht geteilt, also nicht pikiert, da sie sehr empfindliche Wurzeln haben.

Ab Mitte Mai kannst du deine Gurkenpflanzen auspflanzen. Dabei setzt du die Pflänzchen von jeweils einem Töpfchen direkt in die Erde. Der Abstand der Pflanzen je Töpfchen sollte im Beet ungefähr 50 Zentimeter betragen. Gurken können auf dem Boden entlang wachsen oder an Rankhilfen hochklettern. Wenn du wenig Platz hast, lässt du die Gurken am besten in die Höhe klettern.

Auf einen Blick:

- Aussäen im April im Haus in Töpfchen mit 3 bis 5 Samenkörnern
- Dunkelkeimer, die Samen etwa 1 cm mit Erde bedecken
- Keimung bei mittleren Temperaturen ab 18 Grad nach ca. 8 Tagen

- Nach der Keimung an ein sehr helles Fenster oder ins (frostfreie) Gewächshaus stellen
- Ab Mitte Mai ins Gartenbeet oder Gewächshaus pflanzen
- Die Pflänzchen eines Töpfchens zusammen einpflanzen und nicht teilen
- Eventuell eine Kletterhilfe anbringen
- Gurken benötigen nährstoffreiche Erde und viel Wasser.
- Ernte ab Ende Juni bis September

TIPP: *Es gibt unterschiedliche Gurkensorten. Die langen und geraden Schlangengurken, wie du sie auch aus dem Lebensmittelmarkt kennst, brauchen meist viel Wärme. Deshalb sollten sie im Gewächshaus angebaut werden. Daneben gibt es kleine Feldgurken, die zum Beispiel auch für Essiggurken verwendet werden. Die kleineren Sorten sind nicht so empfindlich und wachsen gut im Gartenbeet. Du kannst solche Gurken, solange sie noch klein sind, auch direkt von der Pflanze naschen. Bei der Ernte schneidest du die Gurken am besten mit einer Schere ab.*

WUSSTEST DU SCHON?

Die langen Schlangengurken wachsen nur gerade, wenn sie an einer Rankhilfe hochklettern können und die Gurken dadurch gerade nach unten hängen. Wenn Schlangengurken am Boden entlang wachsen, werden sie meist nicht besonders gerade. Sie wachsen dann krumm oder in »Schlangenlinien« und sehen sehr lustig aus.

Durstige Gurken

Gurken brauchen sehr viel Wasser. Wenn sie zu wenig Wasser bekommen, können sie bitter werden. Dann kannst du sie nicht mehr essen, da die Bitterstoffe der Gurke nicht gesund sind. Außerdem schmecken sie nicht mehr. Oder es wachsen komische Gurken mit Beulen. Deshalb sind Gurken auch nicht besonders gut für Töpfe geeignet. Sie trocknen dann zu schnell aus.

Gurken benötigen so viel Wasser, weil die Früchte bis zu 95 Prozent, also fast komplett, aus Wasser bestehen. Im Sommer sind Gurken daher ein toller Snack, mit dem du viel gesunde Flüssigkeit zu dir nehmen kannst.

Wenn du deine Gurken gießt, kannst du mit der Brause der Gießkanne die ganzen Gurkenpflanzen nass machen. Die Gurken mögen die hohe Luftfeuchtigkeit, die dabei um sie herum entsteht. Sie wachsen dann umso besser.

KAROTTE

Aussaat und Ernte

JAN	FEB	MÄR	APR	MAI	JUN	JUL	AUG	SEP	OKT	NOV	DEZ

Karotte, Möhre oder *Mohrrübe* sind verschiedene Namen für die meist orange Wurzel, die wir so gerne essen. In manchen Gegenden, wie in Bayern oder der Schweiz, heißen sie auch *Gelbe Rübe* oder *Rübli*. Tatsächlich gab es früher auch mehr gelbe, weiße oder sogar lilafarbene Karotten. Heute ist die süße orangefarbene Karotte am beliebtesten.

Karotten brauchst du nicht vorziehen. Du kannst sie ab März direkt ins Gartenbeet säen. Dabei solltest du darauf achten, die kleinen Samen nicht zu eng zu säen. Zu dicht gesäte Karotten kannst du ausdünnen, das bedeutet einzelne Keimlinge herausziehen, damit die anderen kleinen Karotten genügend Platz für ihre Wurzel bekommen. Am besten ist es Karotten in Reihen zu säen.

Auf einen Blick:

- Aussäen ab März direkt ins Beet
- Dunkelkeimer, die Samen etwa 1 cm mit Erde bedecken
- Keimung bei mittleren Temperaturen ab 15 Grad nach ca. 14 Tagen
- Karotten haben einen mittleren Nährstoffbedarf und mögen keinen frischen Dünger wie zum Beispiel tierischen Mist.
- Ernte je nach Aussaatzeit und Sorte ab Juni bis November

TIPP: *Wenn du viele Monate im Jahr frische Karotten knabbern möchtest, kannst du verschiedene Sorten anbauen. Manche Karottensorten eignen sich besonders gut für den Anbau gleich im Frühjahr und wachsen recht schnell. Andere Sorten werden später gesät und erst im Herbst geerntet.*

Übrigens wachsen Karotten richtig gut in einem Hochbeet. In der lockeren und tiefen Erde können die Wurzeln besonders gut und gerade wachsen.

EXPERTENWISSEN: MISCHSAAT MIT RADIESCHEN

Karotten brauchen ziemlich lange, um zu keimen. Anfangs wachsen außerdem die kleinen Karotten recht langsam. Wenn du wenig Platz hast, kannst du in die Karottenreihen einzelne Radieschen dazusäen. Die Radieschen keimen und wachsen schnell. Du kannst die Radieschen vorsichtig ernten, bevor die Karotten den Platz im Beet für ihre Wurzeln benötigen.

Die schnell keimenden Radieschen zeigen dir die Reihen an, wo du auch die Karotten gesät hast. Deshalb wird das Säen von Karotten zusammen mit Radieschen auch *Markiersaat* genannt.

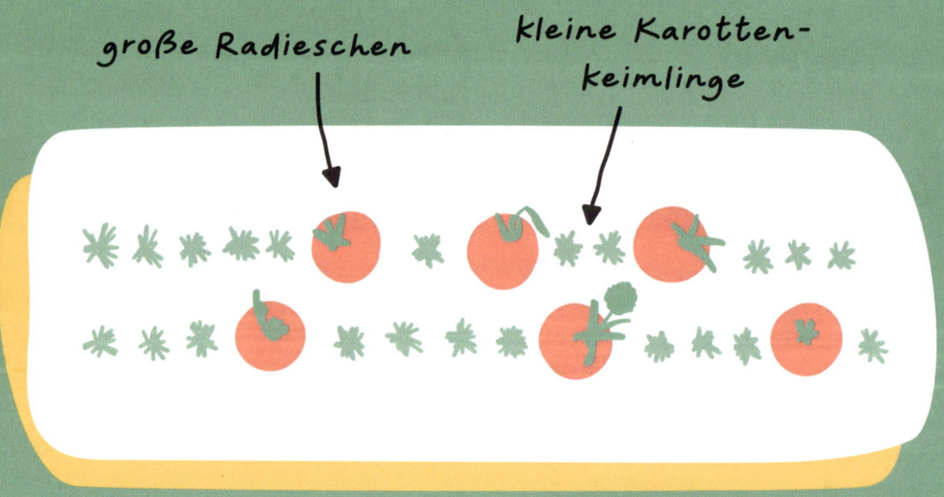

KARTOFFEL

Vorkeimen, Setzen und Ernte

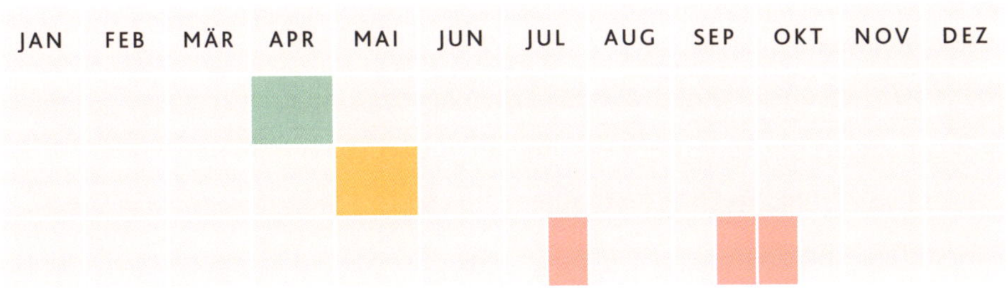

Kartoffeln werden nicht über Samen ausgesät, sondern es werden Pflanzkartoffeln gesetzt. Dafür benötigst du mittelgroße, schöne und gesunde Kartoffeln, die du vorkeimen lässt. Vorkeimen bedeutet, dass die Kartoffeln ans Licht gelegt werden und Triebe bilden. Wenn die Triebe ungefähr 2 Zentimeter lang sind, ist die beste Zeit, um die Kartoffeln zu pflanzen.

Die Pflanzkartoffeln werden in Furchen gelegt und hoch mit Erde angehäufelt. Die Pflanzkartoffel, also die Mutterkartoffel, bildet die neuen Kartoffeln, also die Kinderkartoffeln, an Trieben, die nach oben wachsen. Umso mehr Erde über der Mutterkartoffel liegt, desto mehr neue Kartoffeln können wachsen. Deshalb werden die Pflanzkartoffeln mit viel Erde angehäufelt. Im Kartoffelfeld erledigt das der Traktor.

Auf einen Blick:

- Pflanzkartoffeln vorkeimen im Laufe des Aprils an einem hellen und trockenen Platz
- Kartoffeln in Reihen mit ca. 30 cm Abstand in Furchen pflanzen, Furchenabstand ca. 50 cm
- Die Furchen anhäufeln, d. h. hoch Erde darüber aufhäufen
- Wenn die ersten Blatttriebe erscheinen, nochmals anhäufeln
- Ernte von Frühkartoffeln Ende Juli, frühestens 2 Monate nach dem Setzen der Pflanzkartoffeln
- Ernte von Herbstkartoffeln im September bis Anfang Oktober

Frühkartoffeln und Lagerkartoffeln

Bei den Kartoffeln gibt es Frühkartoffeln und Lagerkartoffeln. Frühkartoffeln kannst du ungefähr zwei Monate nach dem Pflanzen ernten. Die Kartoffelblätter sind dann noch grün und die jungen Kartoffeln haben eine ganz dünne Schale. Lagerkartoffeln werden zum Herbstanfang geerntet. Die Kartoffelblätter sind dann meist schon braun und eingetrocknet und die Kartoffeln haben eine feste Schale bekommen. Die Herbstkartoffeln kannst du länger aufheben, also lagern. Deshalb heißen sie auch Lagerkartoffeln.

Kartoffeln erntest du am besten mit einer Grabgabel. Du kannst damit die Kartoffeln vorsichtig aus der Erde heben. Am besten erntest du bei schönem trockenem Wetter, damit nicht so viel nasse Erde an den Kartoffeln klebt. Kartoffeln, die du eine Zeitlang aufheben möchtest, werden nicht gewaschen und in einer Kiste oder einem Korb dunkel und kühl gelagert.

TIPP: *Kartoffeln brauchen im Gartenbeet viel Platz. Du kannst Kartoffeln auch in einer Kiste anbauen, in der du immer wieder Erde über die Triebe der Mutterkartoffeln schüttest. An den langen Trieben der Mutterkartoffeln können dann besonders viele neue Kartoffeln wachsen.*

GARTENKÜCHE: GLUTKARTOFFELN – FEIERE DEIN KARTOFFELERNTEFEST

Früher haben auf dem Land oft die Kinder bei der Kartoffelernte geholfen. Nach der Ernte mit einer Kartoffelerntemaschine wurden Kartoffeln, die die Maschine nicht erwischt hat, mit der Hand eingesammelt. Die Kinder durften sich dann am Feld Kartoffeln rösten. Dafür wurden kleine Feuerstellen aus dem trockenen Kartoffelkraut entzündet und die Kartoffeln in die Glut gelegt. So wurde die Kartoffelernte immer zu einem kleinen Kartoffelfest.

Für dein Kartoffelfest kannst du die Kartoffeln in einer Feuerschale rösten. Denn offenes Feuer auf dem Feld oder im Garten ist heute nicht mehr erlaubt. Du kannst dafür zusammen mit deinen Eltern ein Feuer in einer Feuerschale entzünden. Wenn das Holz oder die Holzkohle zu glühen beginnen, legt ihr die Kartoffeln in die Glut. Nach etwa 20 Minuten sind die Kartoffeln fertig und können mit einer Grillzange aus der Glut geholt werden. Außen sind die Kartoffeln nun ganz schwarz. Du kannst die Kartoffeln halbieren und zum Beispiel etwas Salz und Butter auf das Kartoffelinnere geben. Mit einem Teelöffel kannst du nun aus der rußigen Schale die Kartoffel essen. Aber Vorsicht: heiß!

Rosa- und lilafarbene Kartoffeln

Kartoffeln, die du im Lebensmittelmarkt kaufen kannst, haben meist eine braune Schale und sind innen gelb. Manchmal gibt es auch welche mit rosafarbener Schale, die innen ebenfalls gelb sind. Tatsächlich gibt es sogar Kartoffeln mit rosa- und lilafarbener Schale, die auch innen rosa- und lilafarben sind. Im → Anhang auf Seite 160 findest du Adressen, wo du solche Kartoffeln kaufen kannst.

In Peru in Südamerika, wo auch unsere Kartoffeln ursprünglich herkommen, gibt es ganz viele farbige Kartoffeln. Manchmal haben sie auch eine ganz knubbelige Form.

WUSSTEST DU SCHON?

Kartoffeln sind mit den Tomaten verwandt. Sie bekommen im Laufe des Sommers auch Früchte, die Tomaten sehr ähnlich sehen. Die Früchte der Kartoffeln sind jedoch nicht essbar! Sie enthalten den giftigen Stoff Solanin, der auch in unreifen Tomaten enthalten ist.
Außerdem bekommen Kartoffeln manchmal grüne Flecken, wenn sie nicht mit genug Erde bedeckt waren. Durch das Sonnenlicht entstehen diese grünen Stellen und auch sie enthalten das giftige Solanin. Wenn du bei deiner Ernte solche Kartoffeln findest, musst du die grünen Stellen wegschneiden, bevor du die Kartoffeln zubereitest.

KOHLRABI

Aussaat, Pflanzen und Ernte

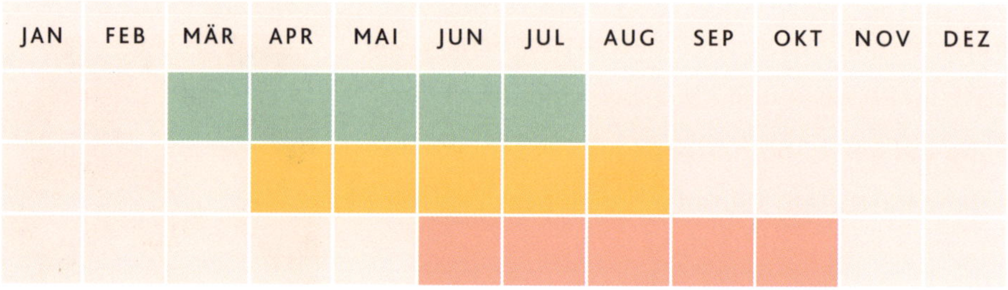

JAN	FEB	MÄR	APR	MAI	JUN	JUL	AUG	SEP	OKT	NOV	DEZ

Auch Kohlrabi braucht es nicht besonders warm und er kann schon früh im Jahr draußen wachsen. Dennoch ist es sinnvoll, Kohlrabipflänzchen vorzuziehen. Du kannst dafür kleine Töpfchen oder Aussaattabletts verwenden. In jedem Töpfchen oder in jedem Platz im Aussaattablett säst du ein Samenkorn.

Wenn die kleinen Kohlrabi gekeimt haben, musst du sie kühl und möglichst hell stellen. Am besten stellst du sie an einen geschützten Platz draußen. Bei Ansaaten sehr früh im Jahr kannst du sie auch in ein Frühbeet oder Gewächshaus stellen. Im geheizten Wohnzimmer ist es den Kohlrabi auf jeden Fall zu warm. Die Pflanzen würden dann ganz lang und dünn werden. Wenn deine Kohlrabipflanzen ungefähr acht Zentimeter groß sind und bereits schöne Blätter gewachsen sind, kanns du sie ins Gartenbeet pflanzen.

Auf einen Blick:

- Aussäen ab März in Töpfchen oder Aussaattabletts
- Dunkelkeimer, die Samen etwa 0,5 cm mit Erde bedecken
- Keimung bei mittleren Temperaturen ab 15 Grad nach ca. 7 Tagen
- Nach der Keimung kühl und hell stellen
- Bei einer Größe von ca. 8 cm ins Gartenbeet pflanzen mit einem Abstand von ca. 20 cm
- Nicht zu tief pflanzen, der Knollenansatz muss über der Erde bleiben
- Kohlrabi hat einen mittleren bis hohen Nährstoffbedarf.
- Gleichmäßige Wasserversorgung verhindert das Aufplatzen der Knollen.
- Ernte nach ca. 10 Wochen
- Nicht zu spät ernten, Kohlrabi können sonst hart und holzig werden

TIPP: *Wie bei den Karotten gibt es auch bei Kohlrabi verschiedene Sorten. Manche sind besser für die Aussaat im Frühjahr geeignet und manche wachsen besser im Sommer bis in den Herbst hinein. Mit unterschiedlichen Sorten kannst du von Frühling bis Herbst Kohlrabi ernten.*

Übrigens gibt es Riesenkohlrabi, die mehrere Kilogramm schwer werden können. Trotzdem bleiben sie ganz zart. Eine solche Sorte ist zum Beispiel Kohlrabi »Superschmelz«. Gesät wird von Mai bis Mitte Juni. Die großen Kohlrabi pflanzt du in größerem Abstand als die kleineren Geschwister. Und sie brauchen viele Nährstoffe und eine gute Wasserversorgung, damit sie so groß werden. Im Herbst kannst du deine Riesenkohlrabi dann ernten.

GARTENKÜCHE: GEMÜSEROHKOST MIT DIP

Kohlrabi kannst du roh oder gekocht essen. Roh ist der Kohlrabi schön knackig. Vielleicht schmeckt dir Kohlrabi roh sogar besser als gekocht. Außerdem können beim Kochen wertvolle Vitamine verloren gehen. Wird Gemüse nicht gekocht, nennt man das auch Rohkost. Rohkost wird oft zusammen mit einem Dip gegessen.

Du kannst verschiedene Gemüse wie Kohlrabi, Karotte und Gurke in Scheiben oder längliche Stücke schneiden. Für den Dip nimmst du zum Beispiel Joghurt und verrührts ihn mit etwas Salz und kleingeschnittenen frischen Kräutern. Die Gemüsestücke tunkst du in den Dip. Guten Appetit!

KÜRBIS UND ZUCCHINI

Aussaat, Pflanzen und Ernte

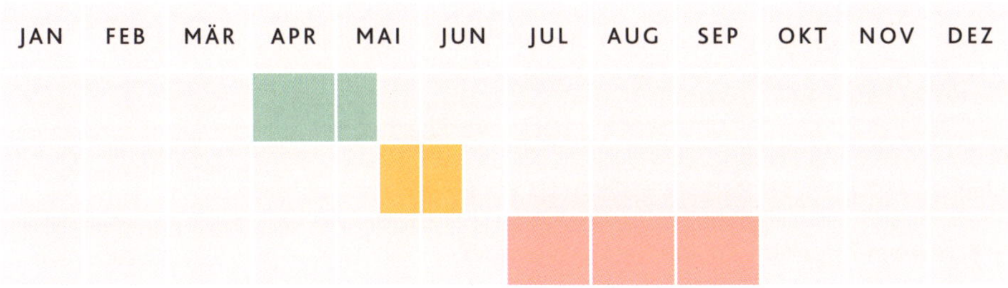

Kürbisse und Zucchini vertragen keinen Frost und mögen es schön warm. Du kannst sie im April im Haus auf der Fensterbank ansäen und Pflanzen vorziehen. Dafür säst du ein oder zwei Samenkerne jeweils in ein Töpfchen. Stelle diese nach der Keimung an ein sehr helles Fenster und etwas kühler. Einen Platz im (frostfreien) Gewächshaus mögen die Pflanzen ebenfalls.

Ab Mitte Mai kommen die Pflanzen ins Gartenbeet. Dabei setzt du die Pflänzchen aus den Töpfchen direkt in die Erde. Der Abstand der Pflanzen je Töpfchen sollte im Beet mindestens 50 Zentimeter betragen. Kürbisse und Zucchini brauchen richtig viel Platz. Die meisten Kürbisse wachsen rankend und eine Kürbisranke kann mehrere Meter lang werden. Wenn du wenig Platz hast, pflanzt du Kürbisse am Rand deiner Beete oder in einer Ecke des Hochbeets. Die Ranken können dann auch aus dem Beet herauswachsen und wuchern nicht deine Beete zu. Zucchini wachsen meist als Busch, können aber auch recht groß werden.

Auf einen Blick:

- Aussäen im April im Haus in Töpfchen mit 1 bis 2 Samenkernen
- Dunkelkeimer, die Samen ca. mit 1 cm Erde bedecken
- Keimung bei mittleren Temperaturen ab 18 Grad nach ca. 8 Tagen
- Nach der Keimung an ein sehr helles Fenster oder ins (frostfreie) Gewächshaus stellen
- Ab Mitte Mai ins Gartenbeet pflanzen bei einem Pflanzabstand von ca. 50 cm
- Platz für die rankenden Kürbisse bedenken
- Ernte bei Zucchini ab Juni bis September
- Ernte der ausgereiften Kürbisse im September

TIERE IM GARTEN:
BIENEN FÜR DIE BESTÄUBUNG

Kürbisse gehören zu den Pflanzen, die von Insekten bestäubt werden. Wenn die Blüten nicht befruchtet sind, kann kein Kürbis und keine Zucchini wachsen. Die Bestäubung erledigen oft Honigbienen. Aber auch Wildbienen sind ganz fleißige Bestäuber. Wildbienen können sich bei dir im Garten ansiedeln, das heißt dass sie dauerhaft bei dir im Garten bleiben. Dafür brauchen sie jedoch nicht nur die Nahrung aus Blüten, sondern auch Plätze für ihren Nachwuchs und wo sie den Winter verbringen können. Dafür kannst du zusammen mit deinen Eltern ein Wildbienenhotel bauen. Im → Anhang auf Seite 160 findest du eine Bau-Anleitung dazu.

TIPP: Zucchini werden unreif geerntet. Daher gibt es bereits ab Juni die ersten Früchte, die du ernten kannst. Am besten erntest du die Zucchini ganz klein, wenn sie ungefähr 15 bis 20 Zentimeter lang sind. Dann schmecken sie am besten und du kannst sie auch als Rohkost essen.

Herbsternte von Kürbissen

Kürbisse werden reif geerntet. Die Schale ist dann fest und im inneren der Kürbisse haben sich Samenkerne gebildet. Ob deine Kürbisse reif sind, kannst du am Stiel sehen. Reife Kürbisse bekommen einen braunen Stiel, der teilweise aussieht, als wäre er eingetrocknet. Außerdem kannst du vorsichtig auf den Kürbis klopfen. Wenn er sich hohl anhört, ist der Kürbis bald reif.

Kürbisse werden vor den ersten Minusgraden, meist Ende September, geerntet. Dabei schneidest du den Stiel des Kürbisses von der Ranke. Hebe den Kürbis nicht am Stiel hoch, sondern trage den ganzen Kürbis. Wenn nämlich der Stiel aus dem Kürbis herausbricht, kannst du denn Kürbis nicht mehr lagern.

Die meisten Kürbisse sind mehrere Monate haltbar und du kannst sie nach und nach über den Winter essen. Sie sehen auch als Dekoration zum Beispiel im Hausflur sehr schön aus. Der Hausflur oder das Treppenhaus haben auch die richtige Temperatur, damit die Kürbisse lange halten. Übrigens gibt es auch Zierkürbisse, die nur für Dekoration verwendet werden. Sie sind leider nicht essbar.

EXPERTENWISSEN: ÖLKÜRBISSE FÜR HALLOWEEN

Auch zu Halloween werden Kürbisse als Dekoration verwendet. Du kennst sicherlich das Kürbisschnitzen: Man höhlt die Kürbisse aus und schnitzt Gesichter hinein. In die Mitte kann eine Kerze gestellt werden und die Kürbisgesichter leuchten im Dunkeln.

Leider kannst du deinen Kürbis dann nicht mehr essen, wenn du ihn als Halloween-Kürbis verwendest. Er fängt bald an zu faulen oder er erfriert, wenn es um diese Jahreszeit schon recht kalt ist. Eigentlich schade, schließlich ist der Kürbis viele Monate gewachsen, bis er groß und reif geworden ist. Und nun landet er nach kurzer Zeit auf dem Müll.

Du könntest dir jedoch einen Ölkürbis für Halloween anbauen. Das Kürbisfleisch des Ölkürbis schmeckt nicht besonders gut und wird meist nur als Tierfutter verwendet. Die Kerne sind bei diesem Kürbis das Wertvolle. Sie sind essbar und es wird Kürbisöl daraus gepresst. Aus einem Ölkürbis kannst du einen Halloween-Kürbis schnitzen, seine Kürbiskerne ernten, sie rösten und die gesunden Kürbiskerne knabbern. Eine gute Ölkürbissorte ist zum Beispiel der »Gleisdorfer Ölkürbis«.

MAIS

Aussaat und Ernte

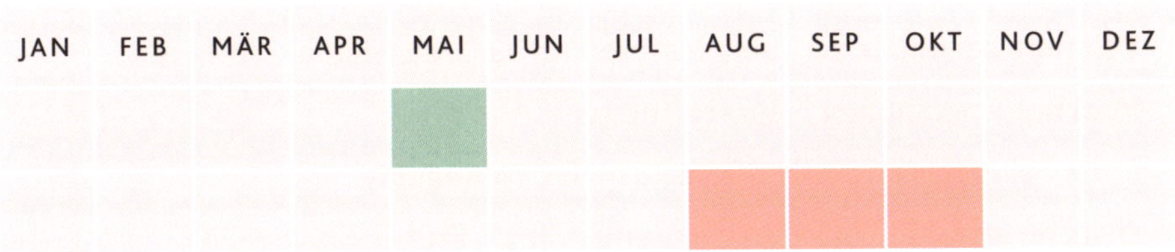

Mais wird im Laufe des Mais direkt ins Beet gesät. Sollte es im Mai nochmal frostig werden und die kleinen Maispflanzen schon aus der Erde spitzen, kannst du sie vorübergehend mit einem Gartenvlies schützen. Sie könnten sonst erfrieren.

Bei Mais gibt es ganz unterschiedliche Sorten, die auch ganz unterschiedlich verwendet werden. Du kennst sicherlich *Zuckermais*, bei dem du zum Beispiel die Kolben grillen und abnagen kannst. Zuckermais wird halbreif geerntet. Man sagt dazu auch *milchreif*. Die Körner sind dann noch weich und milchig. Bei anderen Maissorten, die für Popcorn oder für Mehl verwendet werden, muss das Korn ganz reif und hart sein.

Auf einen Blick:

- Aussäen im Mai direkt ins Beet
- Aussaat bei einem Abstand von ca. 20 cm
- Dunkelkeimer, die Samen etwa mit 2 cm Erde bedecken
- Keimung bei mittleren Temperaturen ab 12 Grad nach ca. 10 Tagen
- Mais hat einen hohen Nährstoffbedarf.
- Ernte bei milchreifem Zuckermais meist im August
- Ernte ausgereifter Mais von September bis Oktober

TIPP: *Du solltest Mais immer in Gruppen ansäen und nicht in einer einzelnen langen Reihe (wie zum Beispiel am Gartenzaun entlang). Das liegt daran, dass Mais ein Windbestäuber ist. Durch den Wind wird der Pollen der männlichen Blüten an der Spitze der Maispflanze auf die weiblichen Blüten geweht. Die weiblichen Blüten sitzen in den Blattachseln, also an der Stelle wo am Stiel des Mais die Blätter herauswachsen, und haben ganz viele seidige Haare. Jedes dieser Haare bildet ein Maiskorn, wenn es bestäubt wurde. Wenn dein Mais in Gruppen wächst, werden die Maishaare viel besser bestäubt.*

EXPERTENWISSEN: MILPA MISCHKULTUR

Mais ist aus Mittelamerika zu uns gekommen. Dort ist Mais eines der wichtigsten Nahrungsmittel zusammen mit Bohnen und Kürbis. In Mexiko werden diese drei Nutzpflanzen deshalb seit langer Zeit zusammen angebaut. Von Mischkulturen mit verschiedenen Pflanzen hast du ja bereits gelesen. Im besten Fall unterstützen sich die Pflanzen in einer Mischkultur gegenseitig. Bei Mais, Bohne und Kürbis funktioniert das so:

- Der hochwachsende Mais ist die Kletterstange für die Bohne.
- Der Kürbis beschattet mit seinen großen und dichten Blättern den Boden. Der Boden trocknet dadurch nicht so schnell aus.
- Die Bohne kann über ihre Wurzeln Nährstoffe in den Boden bringen. Deshalb nennt man Bohnen und andere Hülsenfrüchte auch *Stickstoffsammler*. Stickstoff gehört zu den wichtigen Nährstoffen. Mais und Kürbis benötigen viel davon und werden sozusagen von der Bohne mit Dünger versorgt.

In Mexiko wird diese Mischkultur aus Mais, Bohnen und Kürbis *Milpa* genannt.

ANLEITUNG:
BAU DIR DEINE MILPA

❊ Für die Milpa ziehst du deine Maispflanzen am besten vor. Du brauchst einen hellen und nicht zu warmen Platz dafür. Mitte April kannst du in Aussaattabletts jeweils ein bis zwei Maiskörner säen. Wenn du einen Mais mit bunten Körnern möchtest, wie es ihn auch in Mexiko gibt, kannst du zum Beispiel den bunten Zuckermais »Rainbow Inka« ansäen.

❊ Mitte Mai pflanzt du den Mais in ein sonniges Gartenbeet. Dabei die kleinen Maispflanzen in einem Abstand von mindestens 50 Zentimetern pflanzen.

❊ Zu jeder Maispflanze säst du eine Bohne. Es gibt spezielle Maisbohnen, die nicht so hoch werden und weniger Blätter bekommen. Sie überwuchern den Mais nicht.

❊ In die Abstände zwischen den Maispflanzen pflanzt du einige Kürbisse. Wenn die Kürbisse zu ranken beginnen, musst du darauf achten, dass sie nicht an den Maispflanzen hochranken. Sie sollen auf dem Boden wachsen, damit die Kürbisse den Mais nicht umdrücken.

MELONE

Aussaat, Pflanzen und Ernte

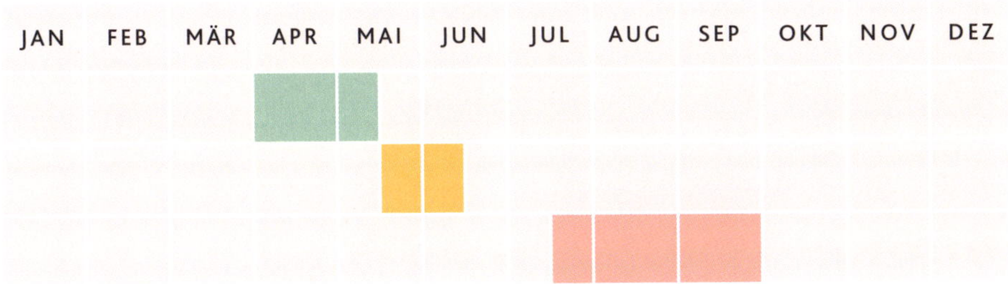

Melonen sind eng verwandt mit den Gurken und sind genauso kälteempfindlich. Deshalb sät man auch Melonen im April im Haus auf der Fensterbank an und zieht sie dort vor. Du kannst bei → »Gurke« auf Seite 87 nachsehen, worauf du bei der Aussaat und Pflanzung achten musst. Außerdem müssen auch Melonen regelmäßig gegossen werden, damit sie gut wachsen.

Auf einen Blick:

- Aussäen im April im Haus in Töpfchen mit 3 bis 5 Samenkörnern
- Dunkelkeimer, die Samen etwa 1 cm mit Erde bedecken
- Keimung bei mittleren Temperaturen ab 18 Grad nach ca. 8 Tagen
- Nach der Keimung an ein sehr helles und sonniges Fenster stellen
- Ab Mitte Mai an einen besonders warmen Platz im Garten oder ins Gewächshaus pflanzen
- Mit ca. 50 cm Abstand die Pflänzchen jeweils eines Töpfchens zusammen einpflanzen und nicht teilen
- Eine Kletterhilfe anbringen oder auf dem Boden ranken lassen
- Melonen benötigen nährstoffreiche Erde und viel Wasser.
- Ernte der reifen Melonen ab Ende Juli bis September

TIPP: Melonen brauchen noch mehr Wärme als Gurken. Du pflanzt deine Melonen am besten in ein Frühbeet oder ins Gewächshaus. Ansonsten gibst du ihnen den wärmsten und sonnigsten Platz in deinem Garten. Du kannst auch eine Sonnenfalle bauen und die Melonen auf die geschützte Südseite pflanzen. Eine Anleitung für den Bau einer Sonnenfalle findest du im Kapitel → *»Kleinklima im Garten, auf Balkon und Terrasse« auf Seite 25.*

Wassermelonen und Honigmelonen

Du kennst sicherlich verschiedene Melonen: Die Wassermelone mit glatter, dunkelgrüner Schale und rotem Fruchtfleisch. Und die Honigmelone mit bräunlicher, oft rissiger oder gerippter Schale und orangem Fruchtfleisch. Beide schmecken erst richtig gut und süß, wenn sie schön reif geworden sind.

Bei Wassermelonen kannst du wie bei Kürbissen auf die Melone klopfen. Wenn sie reif ist, hört sich das Klopfen hohl an. Am besten vergleichst du den Klang der Melone, die als erstes an der Pflanze gewachsen ist mit späteren Melonen. Dann kannst du den Unterschied hören. Außerdem muss die Melone ungefähr so groß sein, wie es der Sorte entspricht. Du kannst die Melone auch etwas anheben. Auf der Seite, mit der sie auf der Erde liegt, wird sie gelb, wenn sie reif ist.

Bei Honigmelonen wird die Schale braun und rissig. Vorher ist die Schale meist dunkelgrün. Außerdem beginnen Honigmelonen zu duften, wenn sie reif sind. Du kannst dann schnuppern und riechst den typischen Geruch der Honigmelone.

Kleine Melonen für unser Klima

Wie bereits beschrieben brauchen Melonen besonders viel Wärme. Früher gab es bei uns keine Melonen. Ursprünglich sind sie vermutlich mitten in Afrika gewachsen, wo es heiß und tropisch feucht ist. Dort gibt es keinen Winter. Deshalb gibt es Sorten von Melonen, die bei uns nicht reif werden, weil der Sommer bei uns viel zu kurz ist. Wenn du Melonen anbauen möchtest, wählst du deshalb am besten kleinere Melonensorten aus. Sie brauchen nicht so viel Zeit, um zu wachsen und reif zu werden.

Eine kleine Wassermelone ist zum Beispiel »Sugar Baby«. Bei den Honigmelonen gibt es sogar eine richtige Mini-Melone. Sie heißt »Minnesota Midget« und die Frucht wird nur ein bisschen größer als ein Tennisball. Bei beiden Sorten werden auch die Pflanzen nicht so groß und die Ranken nicht so lang. So sind sie auch eine gute Wahl, wenn du wenig Platz hast.

PAPRIKA

Aussaat, Pflanzen und Ernte

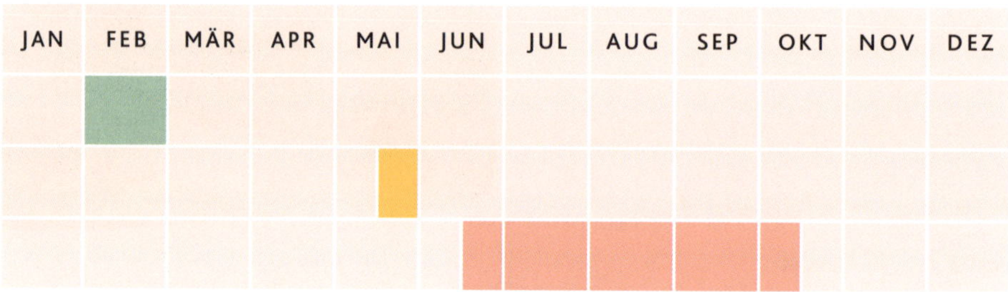

Paprika mögen es gerne warm und sie vertragen keinen Frost. Deshalb dürfen sie erst Mitte Mai draußen ins Beet, in ein Gewächshaus oder in einen Topf gepflanzt werden. In ihrer Heimat in Mittel- und Südamerika, wo es keinen Winter gibt, wachsen Paprika das ganze Jahr. Bei uns musst du Paprika schon ansäen und vorziehen, wenn es noch Winter ist. Paprika brauchen nämlich ziemlich lange von der Aussaat bis zur Ernte der Früchte.

Für die Keimung brauchen es Paprika außerdem ganz besonders warm. Am liebsten haben sie über 25 Grad. Du kannst sie für die Zeit der Keimung direkt über einen Heizkörper stellen. Oder du verwendest eine Wärmematte. Nach der Keimung stellst du die Pflänzchen an ein sonniges und helles Fenster. Auch später mögen Paprika einen schön sonnigen und warmen Platz.

Auf einen Blick:

- Aussäen im Februar im Haus in Aussaatschalen oder kleinen Töpfchen
- Dunkelkeimer, die Samen mit etwa 0,5 cm Erde bedecken
- Keimung bei warmen Temperaturen über 25 Grad nach ca. 10 Tagen
- Nach der Keimung an ein sehr helles Fenster stellen
- Bei Aussaat in Aussaatschalen nach 4 bis 5 Wochen die kleinen Pflanzen einzeln in Töpfchen pflanzen
- Ab Mitte Mai Auspflanzen im Garten, im Gewächshaus oder in Töpfen auf Balkon und Terrasse
- Paprika benötigen nährstoffreiche Erde.
- Ernte ab Ende Juli bis zum Herbst
- Ernte der Früchte am besten mit der Schere, da die Zweige der Paprikapflanzen leicht abbrechen

TIPP: *Paprika wachsen sehr gut in Töpfen auf einem sonnigen Balkon oder der Terrasse. Dabei sind Sorten mit kleineren Früchten besonders gut für Töpfe geeignet. Außerdem werden kleinere Paprika schneller reif als die großen Paprika, die du aus dem Lebensmittelmarkt kennst. Eine sehr süße und robuste kleine Naschpaprika ist zum Beispiel »Sweet Bite Ophelia«. An ihr wachsen ganz viele orangefarbene Paprikafrüchte. Außerdem kannst du im Herbst die Töpfe ins Haus an ein helles Fenster stellen, damit unreife Paprika noch reif werden.*

Im Topf musst du jedoch daran denken, die Pflanzen ganz regelmäßig zu gießen. Wenn sie zu trocken werden, kann es passieren, dass die Blüten und die kleinen Fruchtansätze abfallen.

Süße Paprika und scharfe Chili

Paprika und Chili sind sozusagen Geschwister. Paprika schmecken fruchtig und oft süß. Chili dagegen schmecken scharf. Manche Chilis sind nur ganz leicht scharf und man kann sie wie Paprika essen. Andere Chili sind so scharf, dass daraus Chilipulver als Gewürz hergestellt wird. Zum Essen sind sie viel zu scharf.

Wenn du Samen von deinen Paprika ernten möchtest, darfst du sie nicht neben Chilis anbauen. Hummeln oder Bienen holen sich Nahrung aus den Blüten von Paprika und Chili. Wenn sie nacheinander von Chilis und Paprika naschen, kann eine Bestäubung stattfinden und Chili und Paprika vermischen sich. Wenn du im nächsten Jahr deine süßen Paprika ernten willst, kann es sein, dass sie die Schärfe der Chili geerbt haben.

WUSSTEST DU SCHON?

Paprika haben unterschiedliche Farben, wenn sie reif sind. Meist sind sie rot oder gelb, manchmal auch orange. Es gibt sogar welche, die braun werden, wenn sie reif sind. Dabei wechseln sie bis zur Reife manchmal die Farbe. Unreif sind sie meist grün und werden dann gelb und rot. Manche sind unreif violett oder braun und werden, wenn sie reif sind, rot. Grüne Paprika sind nicht reif, daher schmecken sie oft auch etwas bitter.

PHYSALIS, ANANASKIRSCHE

Aussaat, Pflanzen und Ernte

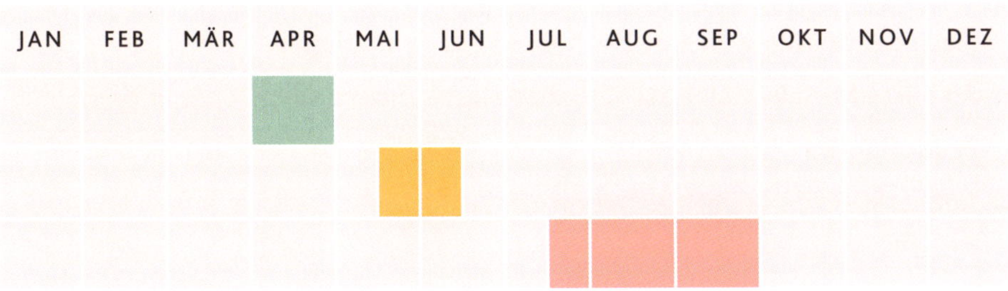

Die Ananaskirsche kommt ursprünglich aus Mexiko, Mittel- und Südamerika. Vielleicht hast du die Ananaskirsche oder ihre Verwandte, die Andenbeere, schon unter dem Namen Physalis kennengelernt. Die Früchte haben ein süßes Aroma, das dich an Ananas erinnert.

Ananaskirschen brauchen es warm und werden am besten im Haus angesät und erst Mitte Mai in den Garten oder in einen Topf gepflanzt. Du kannst die klitzekleinen Samen im April in eine Aussaatschale säen und schön warm stellen (siehe auch unter → »Tomate« auf Seite 125). Nach der Keimung kommen sie an ein ganz helles Fenster. Die größten und kräftigsten Pflänzchen kannst du später auswählen und einpflanzen. Die anfangs kleinen und zarten Sämlinge wachsen bald zu großen, kräftigen Pflanzen heran. Ananaskirschen sind bei uns einjährig. Sie sterben im Herbst ab, wenn es wieder kühler wird.

Auf einen Blick:

- Aussäen im April im Haus in Aussaatschalen
- Dunkelkeimer, die Samen mit etwas Erde bedecken
- Keimung bei warmen Temperaturen über 22 Grad nach ca. 10 Tagen
- Nach der Keimung an ein sehr helles Fenster stellen
- Ab Mitte Mai die kräftigsten Pflanzen auswählen und in Töpfe oder ins Beet pflanzen
- Ananaskirschen benötigen nährstoffreiche Erde.

Wichtig: Ananaskirschen sollst du nur essen, wenn sie ganz reif sind. Die kirschgroßen Früchte stecken in Hüllblättern, die aussehen wie kleine Lampions. Wenn die Früchte reif sind, werden die Hüllblätter trocken und hellbraun. Die kleinen Ananaskirschen fallen dann von der Pflanze und du kannst sie einsammeln. Wenn du die Hüllblätter öffnest, siehst du, dass die Ananaskirschen schön gelb-orange geworden sind. Wenn die Früchte noch grün sind, darfst du sie nicht essen.

EXPERTENWISSEN:
GEMÜSE UND BEEREN

Vielleicht wunderst du dich, dass die Ananaskirsche beim Gemüse eingeordnet ist, obwohl sie eine Beerenfrucht ist? Was also, Gemüse oder Beere? Das ist ganz schön kompliziert:

Ananaskirschen und Tomaten sind nah miteinander verwandt. Sie gehören beide zur Familie der Nachtschattengewächse. Die Ananaskirsche wächst wie die Tomate bei uns nur über die Sommermonate und erfriert im Herbst. Und an beiden Pflanzen wachsen Früchte. Verschiedene Gemüsearten, die Früchte bekommen, werden auch Fruchtgemüse genannt.

Wissenschaftler teilen die Pflanzen außerdem nach ihren Eigenschaften in verschiedene Gruppen ein. So werden verschiedene Fruchtgemüse ebenso wie die Ananaskirsche zu den Beeren gezählt. Dabei geht es nicht darum, ob die Früchte süß, sauer oder scharf schmecken. Wissenschaftlich gesehen sind daher nicht nur Ananaskirsche und Tomate, sondern zum Beispiel auch Kürbis und scharfe Chili eine Beere.

RADIESCHEN

Aussaat und Ernte

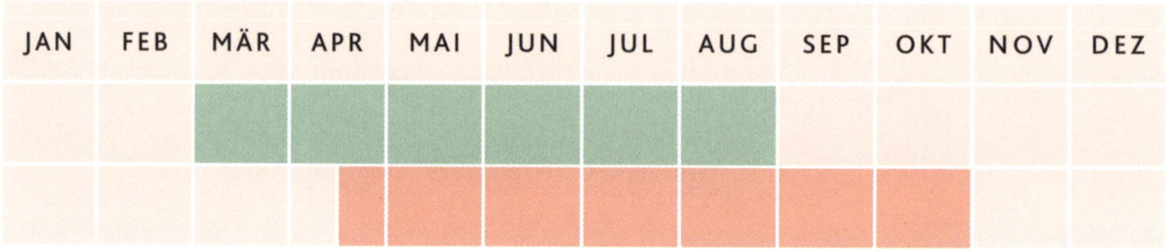

JAN	FEB	MÄR	APR	MAI	JUN	JUL	AUG	SEP	OKT	NOV	DEZ

Radieschen werden nicht vorgezogen und du kannst sie direkt ins Gartenbeet oder in einen Balkonkasten säen. Du säst am besten in Reihen und du musst darauf achten, die Samen nicht zu eng zu säen. Der Abstand zwischen den Samenkörnern sollte etwa 2 Zentimeter betragen. Dann ist genug Platz, damit ein schönes rundes Radieschen wachsen kann.

Du kannst bereits im März die ersten Radieschen draußen ansäen. Radieschen wachsen schnell und du kannst meist nach vier bis sechs Wochen die ersten knackigen Radieschen ernten. Am besten säst du Radieschen mehrmals in einem Abstand von circa vier Wochen. So kannst du von Frühling bis Herbst immer wieder Radieschen ernten. Dabei gibt es Radieschensorten, die besonders gut zu Anfang des Jahres wachsen, wenn es noch kühler ist. Andere Sorten vertragen auch die Sommerwärme gut.

Auf einen Blick:

- Aussäen ab März direkt ins Beet
- Reihensaat mit einem Abstand von 2 cm in der Reihe und ca. 10 cm Reihenabstand
- Dunkelkeimer, die Samen etwa mit 0,5 cm Erde bedecken
- Keimung bei mittleren Temperaturen ab 15 Grad nach ca. 8 Tagen
- Radieschen haben einen mittleren Nährstoffbedarf und mögen keinen frischen Dünger wie zum Beispiel tierischen Mist.
- Ernte je nach Aussaatzeit und Sorte ab Mai bis November

TIPP: *Radieschen mögen es immer schön feucht, daher solltest du sie vor allem im warmen Sommer regelmäßig gießen. Die Radieschen schmecken dann milder und werden nicht so schnell scharf und hart. Am besten mulchst du zwischen den Radieschenreihen, dann bleibt die Erde länger und gleichmäßiger feucht. Mehr zum Thema* → *»Mulch für deine Beete« findest du auf Seite 67.*

Vielleicht hast du schon mal gesehen, dass die Radieschenblätter lauter kleine runde Löcher haben. Die Löcher frisst ein klitzekleines Tier in die Blätter, nämlich der Erdfloh. Das passiert meist, wenn es sehr warm und trocken ist. Denn das gefällt dem Erdfloh. Wenn dein Radieschenbeet schön feucht und mit Mulch bedeckt ist, bleibt der Erdfloh nicht so gerne bei deinen Radieschen.

WUSSTEST DU SCHON?

Es gibt Radieschen die *Rattenschwanzradieschen* oder *Schlangenradies* heißen. Bei diesen Radieschen isst du nicht die Wurzel, sondern die Samenschoten. Die Samenschoten werden länger als bei normalen Radieschen und verbiegen sich manchmal beim Wachsen. Damit sich Samenschoten bilden können, muss das Radieschen erst blühen. Die Samenschoten werden geerntet, wenn sie noch grün und zart sind und erst ganz kleine Samenkerne haben. Du kannst die Samenschoten direkt von der Pflanze zupfen und roh essen. Sie schmecken ähnlich wie ein Radieschen. Daher findest du solche Radieschen manchmal auch unter dem Namen ***Radieschenbaum***. Schau dazu doch auch auf Seite 34 zum → »Radieschen-Experiment«.

Schlangenradies kommen aus Asien und werden dort für asiatische Gerichte kurz gebraten. Übrigens gibt es in Asien auch Radieschen, deren Blätter als Gemüse geerntet werden. Auch bei diesen Radieschen wird die Wurzel nicht gegessen. Du kannst von deinen normalen Radieschen die Blätter ebenfalls essen. Zum Beispiel klein geschnitten in Salat, Kräuterquark oder auf dem Butterbrot.

Radieschen und Rettich

Der große Bruder des Radieschens ist der Rettich. Bei den Rettichen gibt es auch unterschiedliche Sorten, die im Frühling oder im Sommer angebaut werden. Rettiche brauchen allerdings wesentlich mehr Zeit, bis die großen, meist länglichen Wurzeln gewachsen sind.

SALAT

Aussaat, Pflanzen und Ernte

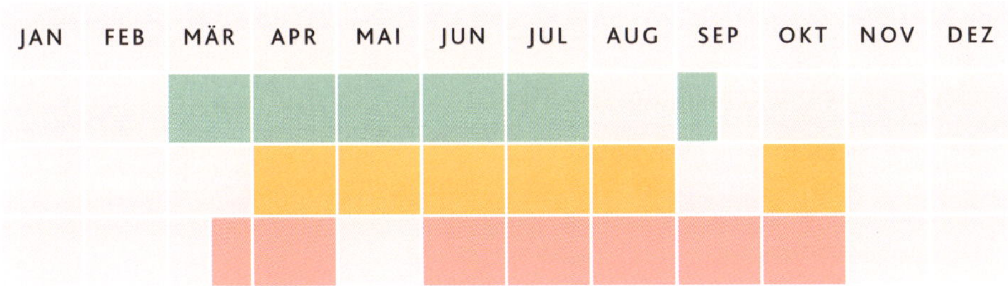

Salat benötigt es nicht besonders warm zum Wachsen. Manche Salatsorten wachsen sogar besser, wenn es nicht so heiß ist. Deshalb kannst du Salat schon früh im Jahr ansäen. Am besten ziehst du die kleinen Salatpflanzen in Aussaatschalen vor. Wenn du sehr eng gesät hast, pikierst du sie dann in Töpfchen oder Aussaattabletts. Zum Keimen kannst du die Aussaatschalen bei Zimmertemperatur an ein helles Fenster stellen. Salatsamen sind nämlich Lichtkeimer und werden nur auf die Erde gestreut und mit einem Blumensprüher befeuchtet. Am besten deckst du die Aussaatschale mit einer Frischhaltefolie ab, damit die Samen nicht austrocknen.

Sobald die kleinen Salate gekeimt haben, brauchen sie einen eher kühlen und sehr hellen Platz. Das kann je nach Jahreszeit an einem geschützten Platz draußen oder in einem Gewächshaus oder Frühbeet sein. Wenn die Salatpflanzen ungefähr 6 bis 8 Zentimeter groß geworden sind, kannst du sie ins Gartenbeet pflanzen.

Auf einen Blick:

- Aussäen ab März in Aussaatschalen
- Lichtkeimer, die Samen werden nicht mit Erde bedeckt
- Die Samen bis zur Keimung feucht halten, nicht austrocknen lassen
- Keimung bei mittleren Temperaturen ab 15 Grad nach ca. 7 Tagen
- Nach der Keimung kühl und hell stellen
- Bei sehr enger Saat in Töpfchen oder Aussaattabletts pikieren
- Bei einer Größe von ca. 6 bis 8 cm mit einem Abstand von ca. 20 cm ins Gartenbeet pflanzen
- Salat hat einen mittleren Nährstoffbedarf.
- Ernte der Salate nach ca. 10 Wochen

TIPP: *Salate gibt es in unterschiedlichen Farben und sie unterscheiden sich auch im Geschmack. Manche Salatblätter sind weich, andere sind knackig. Wenn du eine bunte Salatmischung haben möchtest, säst du verschiedene Sorten an. Zum Beispiel grünen Kopfsalat, rotblättrigen Pflücksalat, knackigen Eissalat, usw. Dabei solltest du dir die Salatsorten auch nach der Jahreszeit aussuchen. Vor allem für den Sommer gibt es spezielle Sorten, wie Romana-Salate, die mit großer Wärme gut zurechtkommen. Ebenso gibt es kälteunempfindliche Salatsorten, die du bis in den Winter hinein ernten kannst.*

KLIMATIPP: ÜBERWINTERUNGSSALAT

Früher hatten die Menschen keine geheizten Gewächshäuser und es wurden keine Salate und Gemüse zu uns *importiert*. Importiert bedeutet, dass das Gemüse in wärmeren Ländern angebaut und in unsere Lebensmittelläden gebracht wird. Zu dieser Zeit war es sehr wichtig, möglichst lang und möglichst früh eigene Salate und Gemüse zu ernten. Es gab Salatsorten, die man *Überwinterungssalate* nennt. Sie werden im September gesät und die Pflänzchen im Herbst am besten in ein Frühbeet oder Gewächshaus gepflanzt. Die kleinen Salatpflanzen überwintern und beginnen weiter zu wachsen, sobald es wärmer wird und wieder mehr Tageslicht gibt. Solche Überwinterungssalate können meist ab Ende März und im April geerntet werden. Das kannst du auch in der Grafik für Aussaat, Pflanzen und Ernte nochmal ansehen. Solche Salatsorten sind zum Beispiel »Brauner Winter« und »Wunder der vier Jahreszeiten«.

Das Tolle daran ist, dass du früh im Jahr frischen Salat essen kannst und dafür keine zusätzliche Energie für Heizung in Gewächshäusern oder Transporte aus anderen Ländern benötigst!

Der Salat und die Schnecke

Schnecken gehören zur Müllabfuhr in der Natur. Sie fressen alles, was schimmelig oder faulig ist. Leider haben vor allem die *Nacktschnecken* auch entdeckt, dass kleine Salatpflanzen oder manch anderes Gemüse ganz köstlich schmeckt. Gerade wenn es viel regnet, kann es passieren, dass deine kleinen Pflanzen über Nacht von Schnecken gefressen werden. Um deine Pflänzchen vor den Schnecken zu schützen, kannst du zum Beispiel einen Schneckenzaun um die Beete bauen. Schneckenzäune gibt es im Gartenhandel zu kaufen.

Schneckenkorn, um die Schnecken zu töten, solltest du im natürlichen Garten nicht verwenden. Denn daran würden nicht nur Nachtschnecken, sondern auch *Häuschenschnecken*, *Weinbergschnecken* und der seltene *Tigerschnegel* sterben. Letztere sind nicht so gefräßig wie die Nacktschnecken, und vermehren sich nicht so stark. Sie sollen sogar die Eier der Nacktschnecken fressen.

TOMATE

Aussaat, Pflanzen und Ernte

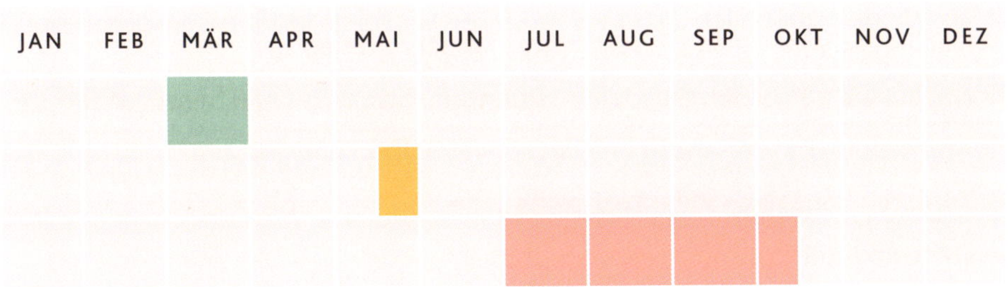

Tomaten mögen es warm und sie vertragen keine starke Kälte oder Frost. Deshalb dürfen sie erst Mitte Mai draußen ins Beet oder in einen großen Topf. Damit du trotzdem im Sommer bald die ersten Tomaten ernten kannst, werden die Tomatenpflanzen schon im März im warmen Haus angesät und vorgezogen.

Draußen lieben die Tomaten einen sonnigen Platz mit Schutz vor Regen. Du kannst sie zum Beispiel im Topf an eine warme Hauswand stellen oder in ein Tomaten- oder Gewächshaus pflanzen.

Auf einen Blick:

- Aussäen im März im Haus in Aussaatschalen
- Dunkelkeimer, die Samen mit etwas Erde bedecken
- Keimung bei warmen Temperaturen über 22 Grad nach ca. 7 Tagen
- Nach der Keimung an ein sehr helles Fenster stellen
- Nach 3 bis 4 Wochen die kleinen Pflanzen einzeln in Töpfchen pflanzen
- Ab Mitte Mai Auspflanzen im Garten, auf Balkon und Terrasse
- Tomaten benötigen nährstoffreiche Erde.
- Ernte ab Juli bis zum Herbst

TIPP: *Manchmal bekommen Tomatenpflänzchen nach der Keimung recht lange Stiele. Dies liegt an zu wenig Licht. (Siehe auch →»Geilwuchs« auf Seite 51.) Beim Umpflanzen in die einzelnen Töpfchen kannst du sie so tief einpflanzen, dass der lange Stiel unter der Erde ist. Die Stiele bilden dann Seitenwurzeln und es können kräftige Pflanzen wachsen.*

Viele, viele bunte Tomaten

Es gibt so viele verschiedene Tomatensorten, dass du sie kaum zählen könntest. Das sind nicht nur rote Tomaten, sondern auch gelbe, rosa- oder olivfarbene, grüne und violette. Einige sind sogar gestreift. Manche Sorten sind so klein wie Johannisbeeren. Andere wachsen zu riesigen Fleischtomaten, die ein Kilogramm wiegen können. Auch die Formen der Tomaten sind unterschiedlich, zum Beispiel rund, plattrund, eiförmig, länglich, birnenförmig oder in der Form eines Herzens.

Der richtige Platz für deine Tomaten

Für Töpfe sind am besten Tomatensorten mit kleineren Früchten geeignet. Es gibt sogar kleine *Ampeltomaten*, für die der Platz in einem Balkonkasten ausreichend ist. Tomaten mit kleinen Früchten werden auch *Kirsch-* oder *Cocktailtomaten* genannt. Sie sind oft sehr süß und du kannst sie direkt von der Tomatenpflanze naschen. Große *Herz-* und *Fleischtomaten* benötigen mehr Nährstoffe als ihre kleineren Verwandten. Sie sind oft auch empfindlicher bei Regen und kühlen Temperaturen. Der beste Platz für diese Tomaten ist ein Gewächshaus.

WUSSTEST DU SCHON?

Normalerweise sind grüne Tomaten noch nicht reif. Unreife Tomaten darfst du nicht essen, weil sie kleine Mengen von Giftstoffen enthalten können. Dieses Gift heißt Solanin, du hast davon schon bei den Kartoffeln gelesen. Das Solanin ist nicht mehr vorhanden, wenn die Tomaten reif geworden sind.

Es gibt aber auch Tomaten, die grün reif sind. Und sie schmecken wirklich sehr gut. Bei grünen Tomaten erkennst du die Reife, wenn das Grün etwas gelblich geworden ist. Außerdem werden die Tomaten weicher. Sie lassen sich etwas eindrücken, wenn sie reif werden. Du kannst das bei grünen Tomaten ausprobieren und mit anderen reifen Tomaten vergleichen.

Das Ausgeizen von Tomaten

Übrigens solltest du bei den meisten Tomatensorten Seitentriebe entfernen. Die Pflanzen bekommen sonst zu viele Triebe und Blätter und die Früchte erhalten keine Sonne mehr. Man nennt dieses Entfernen der Seitentriebe ausgeizen. Nur Wildtomaten und verschiedene Buschtomaten werden nicht ausgegeizt.

EXPERTENWISSEN: KRAUT- UND KNOLLENFÄULE

Tomaten können bei viel Regen und Feuchtigkeit eine Krankheit bekommen. Diese Krankheit heißt *Braunfäule* oder auch *Kraut- und Knollenfäule*. Die Blätter und Früchte der Tomaten bekommen braune Flecken und beginnen zu faulen. Tomatenpflanzen im Freien können bei Dauerregen komplett braun werden und absterben. Deshalb wird empfohlen, Tomaten vor viel Regen zu schützen.

Die Braunfäule kommt durch einen Pilz, der sich im Sommer bei Regen und Feuchtigkeit sehr schnell vermehrt. Nicht nur Tomaten können diese Pilzkrankheit bekommen, sondern auch Kartoffeln. Du solltest Tomaten und Kartoffeln nicht nebeneinander anpflanzen, damit sie sich nicht gegenseitig mit der Pilzkrankheit anstecken.

Tomaten für den Anbau im Freiland

Nicht alle Tomatensorten sind gleich empfindlich. Es gibt Sorten, die gut im Freien und ohne Regenschutz wachsen. Sie haben eine hohe Widerstandsfähigkeit gegen die Braunfäule. Relativ unempfindlich sind zum Beispiel die gelbe Kirschtomate »Galinas Sibirian Cherry«, die Eiertomate »De Berao« oder die rote runde Tomate »Sieger«. Außerdem gibt es verschiedene Wildtomaten, die auch mit regnerischem Wetter gut zurechtkommen. Dazu gehören »Rote Murmel« und »Humboldtii«.

KAPITEL 4

Dein Naschgarten: Kräuter

Frische Kräuter für die Gartenküche!
In diesem Kapitel findest du eine Auswahl an aromatischen Kräutern, über die sich auch Bienen und Schmetterlinge freuen.

FRISCHE KRÄUTER AUS DEM GARTEN

Frische Kräuter liefern dir einen ganz besonderen Geschmack für viele Speisen und dazu noch eine Extra-Portion gesunder Inhaltsstoffe. Die Blüten vieler Kräuter sind außerdem bei Bienen, Schmetterlingen und vielen anderen Insekten sehr beliebt.

Bei Kräutern unterscheidet man einjährige und mehrjährige Kräuter. Einjährige Kräuter, wie zum Beispiel Basilikum werden jedes Jahr neu gesät. Mehrjährige Kräuter werden einmal gesät und wachsen dann für viele Jahre. Allerdings brauchen mehrjährige Kräuter aus Samen oft recht lange, bis sie so groß geworden sind, dass du ernten kannst. Wenn du nicht so lange warten möchtest, kannst du auch Kräuterpflanzen kaufen und bei dir einpflanzen. Viele Kräuter bekommst du im Gartencenter und eine große Auswahl, auch an seltenen Kräutern, gibt es in speziellen Kräutergärtnereien.

Beschreibungen verschiedener beliebter Gartenkräuter findest du auf den nächsten Seiten. Selbstverständlich kannst du dir auch viele weitere Kräuter in deinen Garten holen.

BASILIKUM

Basilikum kennst du bestimmt von frischer Tomatensoße, Basilikum-Pesto oder Tomaten mit Mozzarella. In Italien sind Tomaten und Basilikum ein unschlagbares Team. Wenn Tomaten und Basilikum zusammen angebaut werden, sollen sogar die Tomaten noch besser schmecken. Das typische italienische Basilikum ist das großblättrige »Genoveser Basilikum«. Daneben gibt es ganz viele andere Basilikumsorten. Zum Beispiel »Zitronenbasilikum« oder »Thaibasilikum« für asiatisches Essen.

Basilikum mag es gerne sehr warm. Du kannst es zusammen mit Tomaten auf dem sonnigen Balkon oder im Gewächshaus anbauen. Basilikum wächst bei uns einjährig und stirbt im Herbst ab, wenn es kalt und frostig wird.

Auf einen Blick:

- Aussäen im April und Mai mit jeweils mehreren Samen in Töpfchen
- Lichtkeimer, die Samen auf die Erde streuen und mit einem Blumensprüher befeuchten
- Keimung bei warmen Temperaturen ab 20 bis 25 Grad nach ca. 10 Tagen
- Nach der Keimung kühler und sehr hell stellen
- Ab Mitte Mai, wenn es keinen Frost mehr gibt, je Töpfchen nach draußen pflanzen. Die einzelnen Pflänzchen müssen nicht mehr geteilt werden.
- Basilikum benötigt eine nährstoffreiche Erde.
- Bei Trockenheit und im Topf regelmäßig gießen
- Ernte der aromatischen Blätter nach ca. 10 Wochen über den ganzen Sommer

TIPP: *Bei der Ernte kannst du immer wieder die Triebspitzen der Pflanzen abknipsen. Dadurch bildet das Basilikum viele Seitentriebe mit vielen neuen Blättern.*

TIERE IM GARTEN: STRAUCHBASILIKUM FÜR BIENEN UND HUMMELN

Ein besonders robustes Basilikum ist das Strauchbasilikum. Es braucht nicht so viel Wärme wie die meisten anderen Basilikumsorten. Du kannst es einfach zum Gemüse ins Gartenbeet pflanzen. Strauchbasilikum gibt es mit hellen Blättern und weißen Blüten oder mit dunkleren Blättern und violetten Blüten. Das Strauchbasilikum blüht über den ganzen Sommer und viele Bienen und Hummeln lieben die Basilikumblüten. Gleichzeitig kannst du die Blätter für dich zum Würzen ernten. Am besten schneidest du im Laufe des Sommers einmal die verblühten Blütentriebe komplett ab. Es wachsen dann Seitentriebe mit neuen Blättern und Blüten.
Übrigens wird Strauchbasilikum nicht über Samen vermehrt. Man schneidet Stiele ab, entfernt die Triebspitzen und steckt sie in einen Topf mit einem Gemisch aus feuchter Erde und Sand. Die Triebe bekommen dann Wurzeln und es wächst eine neue Basilikumpflanze. Man nennt dies auch Vermehrung über Stecklinge. Probiere es doch einmal aus!

DOST UND OREGANO

Ein anderes Küchenkraut, das du sicherlich von Pizza und Tomatensoße kennst, ist Oregano. Bei uns einheimisch ist der Dost. Er wird auch Wilder Oregano genannt und hat rosa-lila Blüten. Andere Sorten von Oregano wachsen vor allem in Südeuropa. Dost und Oregano sind mehrjährige Stauden und treiben jedes Jahr wieder neu aus. Allerdings sind nicht alle Sorten bei uns winterhart. Eine gute Oregano-Sorte, die bei uns überwintern kann, ist der »Griechische Oregano« mit weißen Blüten. Dost und Oregano benötigen nicht so viele Nährstoffe wie viele unserer Gemüsepflanzen und mögen keinen nassen Boden.

Dost und Oregano sind besonders beliebte Pflanzen bei Bienen, Schmetterlingen und anderen Insekten. Du kannst sie in ein Kräuterbeet pflanzen. Dost, der Wilde Oregano, sät sich auch selbst über seine Samen aus. Er verbreitet sich oft wild und wächst in trockenen Wiesen, an Beet- und Wegrändern oder zwischen Steinen.

Auf einen Blick:

- Aussäen von April bis Juli mit jeweils mehreren Samen in Töpfchen
- Lichtkeimer, die Samen auf die Erde streuen und mit einem Blumensprüher befeuchten
- Keimung bei mittleren Temperaturen ab 15 Grad nach ca. 10 bis 15 Tagen
- Nach der Keimung die Sämlinge nach draußen oder in ein Gewächshaus stellen
- Du kannst auch Pflanzen in der Kräutergärtnerei kaufen.

- Dost und Oregano brauchen einen vollsonnigen und eher trockenen Platz.
- Dost und Oregano benötigen eine nährstoffarme und mineralstoffreiche Erde.
- Dafür kannst du die Erde mit Quarzsand, Ziegelstückchen und kleinen Steinen vermischen.
- Wenn die Pflanzen angewachsen sind und tiefere Wurzeln gebildet haben, vertragen sie auch Trockenheit.
- Im ersten Jahr sind die Pflanzen noch ziemlich klein, werden jedoch jedes Jahr kräftiger und du kannst den ganzen Sommer davon ernten.

GARTENKRESSE

Gartenkresse wächst sehr schnell und du brauchst nicht einmal ein Gartenbeet dafür. Kresse kann auf der Fensterbank in Aussaatschalen oder in anderen Gefäßen mit etwas Erde oder sogar auf Watte angesät werden. Geerntet werden die ersten Blättchen, die austreiben. Kresse schmeckt ein bisschen scharf und du kannst sie direkt auf ein Butterbrot und über viele andere Speisen streuen.

Natürlich kannst du die Gartenkresse auch im Garten oder im Balkonkasten ansäen. Dann brauchst du normale Pflanzerde und die Kresseblätter werden geerntet, wenn die Kresse schon etwas höher gewachsen ist und sie die ersten größeren Blätter bekommen hat.

Auf einen Blick:

- Aussäen über das ganze Jahr in Aussaatgefäßen auf der Fensterbank
- Aussaat im Garten direkt ins Beet ab April
- Neue Aussaaten ca. alle 6 Wochen für eine laufende Ernte
- Lichtkeimer, die Samen auf die Erde streuen und mit einem Blumensprüher befeuchten
- Keimung bei mittleren Temperaturen ab 15 Grad nach wenigen Tagen
- Ernte auf der Fensterbank, wenn die ersten Blätter nach den Keimblättern gewachsen sind
- Ernte im Garten, wenn die ersten größeren Blätter gewachsen sind

TIPP: *Du kannst Kresse auch in Eierschalen ansäen. Nimm dafür halbe Eierschalen, die zum Beispiel beim Backen übrig bleiben oder wenn du Spiegeleier zubereitest. In die halben Eierschalen gibst du etwas Watte oder Erde, streust Kressesamen darauf und befeuchtest sie mit dem Blumensprüher. Du kannst die angesäten Eierschalen in einer Eierschachtel auf die Fensterbank stellen, bis sie keimen und wachsen. Achte darauf, dass sie nicht austrocknen. Wenn du solche Kresseeier ungefähr 10 Tage vor Ostern ansäst, hast du ein tolles Geschenk für Familie und Freunde beim Osteressen.*

MINZE

Den Geschmack der Minze kennst du sicherlich von Pfefferminztee, Kaugummi und Zahnpasta. Es gibt ganz viele unterschiedliche Minzsorten. Die bekannteste ist die »Pfefferminze«. Geschmackvolle Minzen für Tee sind außerdem die »Orangenminze« und die »Apfelminze«. Die »Marokkanische Minze« kannst du auch zum Würzen von salzigen Speisen, wie Eintöpfen, verwenden. Es gibt sogar eine »Schokoladenminze«, die etwas süßlich schmeckt. Wenn die Minzen im Sommer blühen, werden die Blüten von vielen Schmetterlingen und Insekten besucht.

Minze verbreitet sich über unterirdische Triebe, die man auch Wurzelausläufer nennt. So können plötzlich mehrere Meter von ihrem ursprünglichen Pflanzplatz neue Minztriebe wachsen. Daher pflanzt du deine Minze am besten an einen Platz außerhalb des Gemüse- und Kräuterbeets. Es sollte ein sonnig bis halbschattiger Platz sein, an dem sich die Minze ausbreiten und wandern kann. Minze mag außerdem einen eher feuchten Boden.

Auf einen Blick:

- Am besten kaufst du dir Minzpflanzen in der Kräutergärtnerei.
- Pflanze sie an einen Platz mit nährstofferreicher und eher feuchter Erde.
- Minze kann auch im Halbschatten oder an Teich- und Bachufern gut wachsen.
- Wenn ihr der Platz gefällt, breitet sich die Minze mit den Jahren aus und du kannst den ganzen Sommer über die aromatischen Blätter ernten.

EXPERTENWISSEN: KRÄUTER TROCKNEN

Oft kannst du von Kräutern wie der Minze viel mehr Blätter ernten, als du gleich verwenden kannst. Dann kannst du die Blätter trocknen und für den Winter aufbewahren. Trocknen kannst du im Sommer an einem halbschattigen Platz im Freien. Am besten legst du die geernteten Kräuterblätter zwischen zwei Blätter Haushaltspapier. Die Ecken kannst du mit Steinen beschweren, damit nichts davonfliegen kann. Nachts holst du alles ins Haus. Bei schönem und warmem Wetter sind die Kräuter nach ein bis zwei, spätestens drei Tagen getrocknet. Die Blätter lassen sich dann zwischen deinen Fingern zerreiben. Die getrockneten Kräuter kannst du in Gläsern mit Deckel oder in speziellen Tee- und Gewürztüten aufbewahren. Damit sie Geschmack und Farbe behalten, solltest du sie in einen dunklen Schrank stellen.

SOLARTROCKNUNGSANLAGE

Wenn du sehr viele Kräuter trocknen möchtest, kannst du auch eine einfache Solartrocknungsanlage bauen. Sie nutzt die Sonnenwärme für die Trocknung. Bei solchen Anlagen werden die Kräuter in einem Holzkasten auf feine Gitter gelegt. Die Sonne scheint darauf und die erwärmte Luft zieht von unten nach oben durch den Holzkasten und trocknet auf diese Weise die Kräuter. Eine genaue Anleitung für den Bau einer solchen Trocknungsanlage findest du im → Anhang auf Seite 160.

PETERSILIE

Petersilie ist eines der bekanntesten Küchenkräuter. Petersilie kannst du sehr vielseitig in vielen Speisen verwenden, sie sollte jedoch nur ganz kurz mitgekocht werden. Dann bleiben der würzige Geschmack und die gesunden Inhaltsstoffe erhalten. Es gibt Petersilie mit glatten Blättern wie die wüchsige »Gigante d'Italia« und Petersilie mit krausen Blättern wie die »Mooskrause«.

Petersilie wird im Frühling angesät. Bis in den Herbst hinein kannst du die Blätter ernten. Dann überwintert die Petersilie und treibt im neuen Jahr wieder aus. Jetzt bekommt sie neue Blätter und bald darauf einen Blütenstiel. Wenn du die Petersilie blühen lässt, bildet sie über den Sommer Samen. Wenn die Samen braun und trocken sind, kannst du sie ernten und im nächsten Jahr wieder aussäen.

Auf einen Blick:

- Aussäen ab März bis Juni direkt ins Beet
- Aussaat am besten in Reihen mit einem Reihenabstand von ca. 10 cm
- Dunkelkeimer, die Samen mit etwa 0,5 cm Erde bedecken
- Für die Keimung muss die Aussaat feucht gehalten werden.
- Keimung auch bei kühlen Temperaturen nach ca. 10 bis 15 Tagen
- Petersilie benötigt nährstoffreiche Erde.
- Ernte der Blätter von Frühsommer bis in den Herbst

Wichtig: Bei der Ernte der Blätter darf die Petersilienpflanze nicht komplett abgeschnitten werden. Das Herz der Pflanze, aus dem sie immer wieder neue Blätter austreiben kann, darf nicht verletzt werden. Man nennt dieses Herz der Pflanze auch den *Vegetationspunkt*.

Außerdem mag es Petersilie nicht, wenn sie immer wieder am selben Platz angesät wird. Sie wächst dann nicht mehr gut. Am besten wählst du jedes Jahr einen neuen Platz für deine Petersilie. Sie sollte frühstens nach vier Anbaujahren wieder am selben Platz gesät werden.

SCHNITTLAUCH

Schnittlauch ist eine tolle und gesunde Würze für Salate, Suppen und auf dem Brot. Schnittlauch ist mehrjährig und treibt jedes Jahr im Frühjahr wieder neu aus. Im Frühsommer bekommt der Schnittlauch viele hübsche lilafarbene Blüten, die ebenfalls essbar sind. Du kannst die kleinen Einzelblüten abzupfen und zum Beispiel im Salat essen. Wenn die Blüten verblüht sind, sie werden dann braun, kannst du den Schnittlauch etwa zwei Zentimeter über der Erde komplett abschneiden. Er treibt dann wieder neue, frische Schnittlauchröhren, die du bis zum Winter ernten kannst.

Du kannst Schnittlauch ansäen, jedoch wächst er anfangs sehr langsam. Eine Ernte ist meist erst im zweiten Jahr möglich. Du kannst Schnittlauchpflanzen aber auch kaufen, es gibt Schnittlauchstöcke im Topf, die schon groß sind.

Auf einen Blick:

- Aussäen ab März bis Juni mit jeweils mehreren Samen in Töpfchen oder direkt ins Beet
- Dunkelkeimer, die Samen mit etwas Erde bedecken und feucht halten
- Keimung bei mittleren Temperaturen ab 10 bis 15 Grad nach ca. 14 Tagen
- Nach der Keimung die Sämlinge nach draußen oder in ein Gewächshaus stellen
- Du kannst auch Pflanzen in der Kräutergärtnerei kaufen.
- Schnittlauch an einen Platz mit nährstoffreicher Erde im Gemüsegarten oder in einen großen Topf pflanzen

- Ernte der Schnittlauchröhren bei Aussaat ab dem zweiten Jahr
- Schnittlauch ist nicht kälteempfindlich und die Röhren können von Frühjahr bis zum Winter geerntet werden.
- Nach einem Rückschnitt nach der Blüte treiben rasch wieder junge Schnittlauchröhren aus.

TIPP: *Wenn du merkst, dass dein Schnittlauch immer weniger gut wächst, fehlen ihm vermutlich Nährstoffe. Du kannst im Frühjahr ein paar Schaufeln Kompost über den neuen Austrieb verstreuen. Oder du düngst über das Jahr ein- bis zweimal mit → Brennnesseljauche* *(siehe Seite 72)**. Wenn der Schnittlauch schon viele Jahre an einem Platz wächst, solltest du ihn umpflanzen. Wähle einen neuen Platz mit nährstoffreicher Erde dafür.*

GARTENKÜCHE: KRÄUTERBUTTER

Kräuterbutter mit frischen, selbst geernteten Kräutern aus dem Garten ist etwas ganz Besonderes. Keine gekaufte Kräuterbutter schmeckt so gut! Du kannst sie als Brotaufstrich essen oder auf gegrilltem Zuckermais oder Glutkartoffeln schmelzen lassen. Schnittlauch gehört in jede Kräuterbutter und du kannst viele andere Gartenkräuter dazumischen. Und so geht's:

- Nimm die Butter aus dem Kühlschrank und lass sie in einer kleinen Schüssel weich werden.
- Ernte den Schnittlauch und verschiedene andere Kräuter und schneide sie ganz klein.
- Auch Schnittlauchblüten oder die Blütenblätter der Ringelblume passen gut in die Kräuterbutter.
- Gib die Kräuter, etwas Salz und Zitronensaft zur Butter in die Schüssel.
- Wenn du magst, kannst du auch noch eine Knoblauchzehe ganz klein hacken und dazugeben.
- Zerdrücke die Butter mit allen Zutaten am besten mit einer Gabel und mische alles gut durch.
- Stelle die Kräuterbutter in den Kühlschrank, bis sie wieder fest ist.

Wenn deine Familie keine tierische Butter essen mag, kannst du natürlich auch pflanzliche Butterprodukte für Kräuterbutter verwenden.

KAPITEL 5

Dein Naschgarten: Beeren

Ob süß oder sauer: Im Sommer kannst du Beeren ernten. In diesem Kapitel bekommst du die wichtigsten Infos für einen bunten Beerengarten.

BEERENSOMMER

Den Sommer versüßen dir verschiedene Beeren, die du direkt vom Strauch naschen kannst. Und du kannst aus Beeren fruchtige Marmeladen für den Winter einkochen.

Beeren sind mehrjährig und können meist viele Jahre an einem Platz bleiben. Außer der Erdbeere wachsen die meisten Beeren an Sträuchern. Du solltest Beerensträucher deshalb außerhalb der Gartenbeete pflanzen, zum Beispiel am Gartenzaun entlang. Sie können mit den Jahren ziemlich groß werden. Junge Erdbeerpflanzen und Beerensträucher kaufst du im Gartenfachhandel. Erkundige dich beim Kauf nach den Erntezeiten. Wenn du verschiedene Beerenarten mit unterschiedlichen Reifezeiten kaufst, kannst du fast den ganzen Sommer über Beeren ernten.

ERDBEEREN

Erdbeeren werden im Spätsommer von August bis Mitte September gepflanzt. Du setzt sie am besten in ein sonniges Gartenbeet mit lockerer und nährstoffreicher Erde. Wenn es um diese Jahreszeit noch recht heiß und trocken ist, musst du die Erdbeeren regelmäßig reichlich gießen. Zwischen den Pflanzen kannst du den Boden mit Stroh mulchen. Vor allem ab Frühling, wenn die Erdbeeren ihre Früchte bekommen. Dann liegen die Beeren auch bei schlechtem Wetter trockener auf dem Stroh.

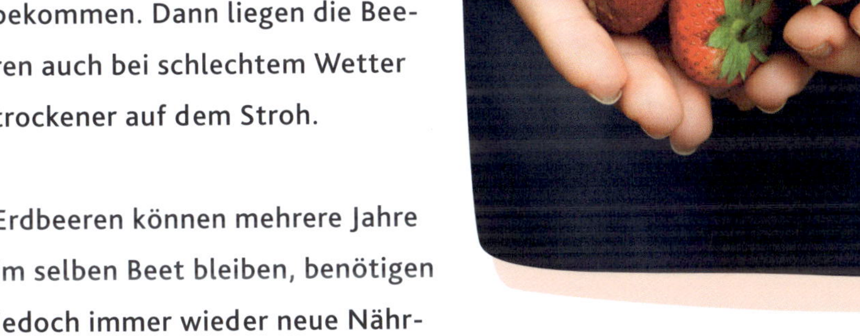

Erdbeeren können mehrere Jahre im selben Beet bleiben, benötigen jedoch immer wieder neue Nährstoffe. Jedes Jahr im Herbst solltest du deshalb in den Boden zwischen den Pflanzen Dünger einarbeiten und sie wieder mit Mulch abdecken. Zum Beispiel einen Langzeitdünger wie *Schafwollpellets*. Nach mehreren Jahren merkst du vielleicht, dass die Erdbeeren nicht mehr so gut wachsen und weniger Früchte bekommen. Dann kannst du wieder ein neues Beet mit neuen, jungen Pflanzen anlegen.

EXPERTENWISSEN: ERDBEEREN ÜBER KINDEL VERMEHREN

Ab Juli wachsen an den Erdbeeren lange Triebe. Und an der Spitze dieser Triebe wachsen kleine Erdbeerpflanzen. Sie werden auch Kindel genannt. Die Kindel bekommen nach einiger Zeit Wurzeln und können dann auch ohne die Mutterpflanze weiterwachsen. Wenn die Kindel eingewurzelt sind, kannst du den Trieb abschneiden, die Kindel vorsichtig ausgraben und in ein neues Beet pflanzen.

BEERENSTRÄUCHER

Beerensträucher pflanzt du am besten in den Monaten September und Oktober. Sie wurzeln dann über den Herbst und Winter gut ein und bekommen im Frühjahr bald Blätter und erste Blüten. Wenn du es im Herbst nicht mehr schaffst, zu pflanzen, und nicht noch ein Jahr warten möchtest, musst du gleich im Frühjahr, am besten im März pflanzen. Der Boden darf jedoch nicht mehr gefroren sein.

Beerensträucher, außer Heidelbeeren, können in jedem normalen Gartenboden wachsen. Zum Pflanzen muss ein Loch gegraben werden, das etwas größer ist als der Wurzelballen der jungen Beerensträucher. Du nimmst sie aus dem Topf und stellst sie in das Pflanzloch. Rund um den Wurzelballen füllst du Kompost in das Pflanzloch. So bekommen die Beerensträucher gleich eine Portion Nährstoffe.

Nach dem Pflanzen musst du die Beeren ausgiebig gießen und die Pflanzstelle mit Mulch abdecken. Versorge sie in den ersten Wochen nach der Pflanzung immer wieder mit Wasser. Vor allem wenn du im Frühjahr gepflanzt hast und es recht warm und trocken ist. Später, wenn die Beerensträucher tiefe Wurzeln bekommen haben, müssen sie nicht mehr gegossen werden. Damit die Beerensträucher gut wachsen und viele Früchte bekommen, solltest du sie jeden Herbst mit Dünger versorgen.

TIPP: *Als Dünger für Beerensträucher ist Mist von pflanzenfressenden Tieren gut geeignet. Vielleicht hast du Kaninchen oder Meerschweinchen. Dann kannst du den Mist über das Jahr sammeln, man nennt dies auch den Mist ablagern. Im Herbst breitest du ihn um die Beerensträucher aus und deckst etwas Mulch darüber. Du kannst auch Mist von Pferden oder Rindern verwenden, die biologisch gehalten werden. Vielleicht kennst du jemanden, bei dem du dir solchen Mist besorgen kannst.*

Brombeere

Brombeeren können an eine sonnige Hauswand mit einem Kletterspalier oder an einen hohen Zaun gepflanzt werden. Sie bekommen nämlich lange Triebe, für die sie eine Rankhilfe brauchen. Dabei können an Brombeeren ganz schön viele Triebe wachsen. Diese Triebe nennt man auch Ruten. Wenn du alle Ruten wachsen lässt, bilden sie eine richtige Hecke aus jungen und alten Trieben. Du kannst dann gar nicht mehr richtig ernten. Deshalb wird im Frühling ein Teil der alten Ruten über dem Boden abgeschnitten. Normalerweise sind Brombeeren sehr stachelig, sodass du dafür Handschuhe benötigst. Es gibt jedoch auch neue Züchtungen von Brombeeren, die keine Stacheln haben.

Himbeere

Himbeeren mögen am liebsten einen Platz mit wenig Wind und einigen Sonnenstunden im Halbschatten. Du kannst mehrere Pflanzen in einem Abstand von etwa einem halben Meter pflanzen. Sie vermehren sich dann durch Wurzelausläufer, sodass du im Laufe der Zeit immer mehr Himbeerpflanzen bekommst. Wie bei den Brombeeren nennt man die neuen Triebe der Himbeeren Ruten. Es gibt unterschiedliche Himbeerarten, die zu unterschiedlichen Zeiten Früchte bekommen. Abhängig davon müssen die Ruten geschnitten oder ausgelichtet werden. Frage beim Kaufen nach, wie und wann du die Himbeeren schneiden sollst. Übrigens können Himbeeren sehr krumm und schief wachsen. Du kannst sie deshalb auch in Reihen zum Beispiel an Drahtgitter pflanzen.

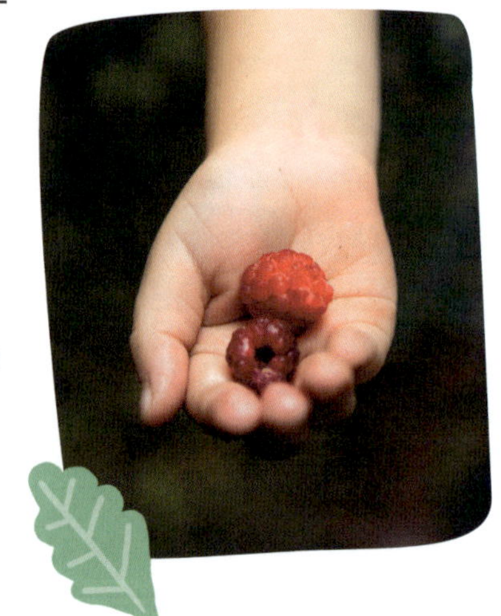

Heidelbeere

Heidelbeeren sind eigentlich Pflanzen, die in Mooren wachsen. Daher brauchen Sie eine andere Bodenzusammensetzung als normaler Gartenboden oder Gemüseerde. Man spricht von einem moorigen oder sauren Boden. Wenn du Heidelbeeren pflanzt, musst du deshalb ein extra großes Pflanzloch graben. Du füllst spezielle, saure Erde für Heidelbeeren hinein und pflanzt dann die Heidelbeersträucher. Als Mulch kannst du hier ausnahmsweise Rindenmulch verwenden, der für Gemüse nicht geeignet ist. Wenn du mehrere Heidelbeersträucher pflanzt, sollte der Abstand zur nächsten Pflanze ungefähr 80 bis 100 Zentimeter betragen. Bei älteren Heidelbeersträuchern werden alte und verholzte Triebe direkt über dem Boden herausgeschnitten.

Johannisbeere

Bei Johannisbeeren gibt es Sorten mit weißen, roten und fast schwarzen Beeren. Dabei werden die Sträucher der weißen Johannisbeeren nicht ganz so groß wie die der roten und vor allem die der schwarzen Johannisbeeren. Auch im Geschmack unterscheiden sie sich. So sind die schwarzen Johannisbeeren nicht so sauer und haben ein ganz besonderes Aroma. Johannisbeeren brauchen einen schön sonnigen Platz, dann werden die Beeren süßer. Damit die Pflanzen nicht zu buschig zuwachsen, sollten jedes Jahr nach der Ernte zwei bis drei der ältesten Triebe über dem Boden herausgeschnitten werden.

Stachelbeere

Auch bei Stachelbeeren gibt es unterschiedliche Fruchtfarben von gelb und rot. Wie der Name schon sagt, sind Stachelbeersträucher sehr stachelig. Bei der Ernte musst du aufpassen, dass du dich nicht stichst. Zwar gibt es neu gezüchtete Sorten, die fast keine Stacheln haben. Die schmecken aber leider oft

EXPERTENWISSEN:
PH-WERT DES BODENS

Der pH-Wert des Erdbodens wird auf einer Skala zwischen 0 und 14 gemessen. Es gibt einen neutralen Bereich, einen sauren und einen basischen. Basisch wird auch alkalisch genannt. Je niedriger der pH-Wert, desto saurer ist der Boden. Saurer Boden kommt zum Beispiel in Mooren und im Wald vor. Im Moor kann der Wert bei 3 oder 4 liegen. Ist der Wert zu sauer, kommen Pflanzen damit nicht mehr zurecht. Ein Wert in der Mitte, also ungefähr bei 7, bedeutet, dass der pH-Wert neutral ist. Die meisten Pflanzen im Gemüsegarten brauchen diesen neutralen Wert, damit sie gut wachsen. Höhere Werte bedeuten, dass der Boden basisch ist. Er ist dann kalkhaltiger. Manche Pflanzen mögen leicht kalkhaltige Erde. Ist der pH-Wert jedoch hoch im basischen Bereich, können Pflanzen auch nicht mehr wachsen.

Wenn du wissen möchtest, welchen pH-Wert dein Boden hat, kannst du ein pH-Meter kaufen und damit messen. Wenn dein pH-Wert zu niedrig und der Boden zu sauer ist, kannst du ihn zum Beispiel mit Algenkalk erhöhen. Torfersatzstoffe wie Holz- oder Kokosfasern und Gesteinsmehle aus Basalt oder Granit helfen, wenn der pH-Wert gesenkt werden soll. Die Verwendung von Gartenkompost hilft, den pH-Wert für lange Zeit in der Mitte zu halten.

nicht so gut wie ihre stacheligen Verwandten. Auch Stachelbeeren werden nach der Ernte geschnitten. Dabei werden Zweige, die nach innen wachsen, und Triebe, die mehr als vier Jahre alt sind, entfernt. Außerdem kannst du sehr lange, ältere Triebe etwa um ein Drittel ihrer Länge zurückschneiden.

TIPP: *Es gibt Kreuzungen aus schwarzen Johannisbeeren und Stachelbeeren. Die heißen Jochel- oder Jostabeeren. Die Sträucher werden groß und sind sehr robust. Die Beeren sind heller und größer als bei Johannisbeeren. Ihr Geschmack liegt zwischen den beiden Beeren. Dabei schmeckt die Jochelbeere am besten. Sie ist süßer und aromatischer als die Jostabeere.*

TIERE IM GARTEN: AUCH VÖGEL MÖGEN BEEREN

Viele Vögel naschen gerne Beeren. Für sie sind Beeren vor allem im Herbst eine sehr wichtige Nahrung. Amseln zum Beispiel freuen sich, wenn du ihnen ein paar Johannisbeeren am Strauch übrig lässt. Außerdem fressen Vögel auch Beeren, die uns Menschen nicht schmecken, nur gekocht oder gar nicht für uns essbar sind. Solche Beeren werden auch Wildobst genannt. Das sind zum Beispiel Holunder, Hagebutte, Hartriegel, Weißdorn und Eberesche. Letztere kennst du vielleicht unter dem Namen Vogelbeere. Eine andere Wildfrucht ist die Haselnuss. Die Nüsse schmecken ganz besonders den Eichhörnchen. Wenn du einen größeren Garten hast, kannst du mit solchen Sträuchern eine Wildfruchthecke pflanzen. Manche Früchte kannst du selbst essen, andere sind für die Vögel und Eichhörnchen.

REGISTER

Anleitungen und Bezugsquellen Wurmkiste

Kompostieren ohne Garten: So baust du eine Wurmkiste
www.smarticular.net/wurmkiste-selber-bauen-bauanleitung-fuer-die-wurmfarm-auf-dem-balkon/

Fertige Wurmkisten, Bausätze und Kompostwürmer
www.wurmkiste.at

Bezugsquellen samenfestes, biologisches Saatgut

Bingenheimer Saatgut
www.bingenheimersaatgut.de/de

Sativa Bio-Saatgut
www.sativa.bio/de/

Bezugsquellen Saatgut alter Gemüsesorten, natürliche Dünger (z. B. Düngepellets), EM-Produkte (Effektive Mikroorganismen)

Garten des Lebens
www.garten-des-lebens.de/shop/

Bezugsquellen bunte Kartoffelsorten

Ellenbergs Kartoffelvielfalt
www.kartoffelvielfalt.de

Bezugsquellen Naturkautschuk-Produkte für den Garten

FAIR2.ME
https://fair2.me/haushalt-garten/garten/

Anleitungen Nisthilfen und Insektenhotel

NABU (Naturschutzbund)
https://www.nabu.de/tiere-und-pflanzen/insekten-und-spinnen/insekten-helfen/00959.html

Anleitung Solartrocknungsanlage

Seminarzentrum Sonnenschmiede
https://sonnenschmiede.ch/solartrockner-2/